AF310218

DE L'ACTION PAULIENNE

EN DROIT ROMAIN

DU RAPPORT

EN DROIT FRANÇAIS

ACTE PUBLIC POUR LE DOCTORAT

PRÉSENTÉ

A LA FACULTÉ DE DROIT DE NANCY

PAR

ALEXANDRE-PAUL SEILER

De Saint-Louis (Moselle)

Ex-avocat du barreau de Strasbourg

L'acte public sur les matières ci-après sera soutenu le Jeudi 24 Août,
à 4 heures de l'après-midi.

Président : M. LEDERLIN, *Professeur.*

Suffragants :
MM. JALABERT, *Professeur-doyen.*
LOMBARD,
VAUGEOIS, } *Professeurs.*
CHOBERT, *Agrégé.*

*Le Candidat répondra en outre aux questions qui lui seront faites
sur les autres matières de l'enseignement.*

FACULTÉ DE DROIT DE NANCY.

MM. Jalabert, ❋,   Doyen, Professeur de Code civil et chargé
                    du cours d'histoire du Droit romain et
                    du Droit français.

Paringault, ❋,   Professeur honoraire.

Lederlin,   Professeur à la Faculté de Droit de Stras-
                    bourg, délégué à celle de Nancy.

Lombard,   Professeur de Droit commercial, chargé
                    du cours de Droit des gens.

Vaugeois,   Professeur de Code civil et chargé du
                    cours de Droit français étudié dans ses
                    origines féodales et coutumières.

Liégeois,   Professeur de Droit administratif et chargé
                    du cours d'Économie politique.

Dubois,   Professeur de Droit romain.

Lyon-Caen,   Agrégé, chargé d'un cours de Code civil.

Cauwès,   Agrégé, chargé d'un cours de Droit ro-
                    main.

Chobert,   Agrégé, chargé du cours de Procédure
                    civile et de Législation criminelle.

M. Lachasse,   Docteur en Droit, secrétaire, agent
                    comptable.

A LA MÉMOIRE DE MON PÈRE

A MA MÈRE

A MA FAMILLE

A MES AMIS

ERRATA

Page 9, ligne 20,   Publicius Rutilius,   *lisez*   Publius Rutilius.
— 12, ligne 17,   loi Æbutia,   —   loi Ælia Sentia.
— 56, dernière ligne, art. 860 et 928,   —   860 et 922.

DROIT ROMAIN

DE L'ACTION PAULIENNE

(Dig- XLII, 8, *Quæ in fraud. cred.*)

INTRODUCTION

Dans les premiers temps de la république romaine, les
créanciers n'avaient aucun moyen pour protéger leurs
droits contre la fraude de leurs débiteurs ; cependant ils
trouvaient une garantie dans l'excessive sévérité de la loi
des Douze Tables, qui allait jusqu'à ordonner de mettre à
mort et même de déchirer par morceaux le débiteur insolvable, ainsi que nous l'apprend Aulu-Gelle dans les
fragments de cette loi qu'il nous a conservés.

Trente jours après l'aveu de sa dette ou de sa condamnation, le débiteur insolvable était, avec la permission du
magistrat, saisi, enchaîné et incarcéré par son créancier.
Pendant les 60 jours qui suivaient, le créancier conduisait

1 S.

trois fois son débiteur sur le marché public et proclamait le montant de sa créance. Si personne ne se présentait pour l'acquitter, l'esclavage du débiteur devenait définitif, et la république ne souffrait plus dans son sein celui qui avait violé la foi promise. Le créancier devait le vendre au-delà du Tibre ou le mettre à mort. Aucune distinction entre la bonne et la mauvaise foi ; l'infortune est punie aussi sévèrement que la fraude.

Sous l'empire de la loi des Douze Tables, les débiteurs répondaient donc de leur dette, non pas sur leurs biens, mais sur leur personne, de telle sorte que l'impossibilité de rembourser les rendait esclaves de leurs créanciers, ainsi que nous venons de le voir. Cependant, disons-le à l'honneur de l'humanité, la disposition cruelle de la loi des Douze Tables ne fut jamais exécutée à la lettre ; on se contentait de réduire le débiteur en esclavage et de le vendre. La *manus injectio* était le moyen ordinaire de correction pour forcer le débiteur à exécuter son obligation.

Quant à la *pignoris capio* (la saisie des biens), Gaïus nous apprend qu'elle n'avait lieu que pour des circonstances exceptionnelles et déterminées (Gaïus, *Com.* 4, §§ 26-29). Du reste, qu'importait aux créanciers que les biens du débiteur fussent aliénés, puisqu'ils pouvaient se faire adjuger sa personne et le vendre comme esclave *trans Tiberim ?*

Cette garantie personnelle dura aussi longtemps que subsistèrent les actions de la loi ; et ce n'est que plus tard, sous le système formulaire, qu'elle disparut pour faire place à une garantie réelle qui porta dès lors sur les biens du débiteur. Cette transformation s'explique aisément : Rome, depuis l'introduction rigoureuse des actions de la loi, avait marché rapidement dans la voie du progrès et de la civilisation. Ses immenses conquêtes l'avaient mise en rapport avec divers peuples, surtout avec la Grèce, ce berceau de la philosophie et des lettres. Les idées philosophiques se répandirent et exercèrent une influence salutaire sur les institutions romaines : le droit se transforma et s'épura ; et c'est alors que l'on vit naître les plus heureuses innovations du préteur, ce représentant actif du progrès.

En restreignant les droits des créanciers sur la personne, il devenait nécessaire de les étendre sur les biens du débiteur. On le fit en étendant la *sectio bonorum* de l'État aux particuliers. Quand l'Etat, par suite d'une cause quelconque, était devenu créancier d'un citoyen, le préteur envoyait en possession de ses biens les questeurs, qui en faisaient afficher la mise en vente. Cette vente, au profit de l'Etat, fut appliquée par le préteur Publicus Rutilius au profit des particuliers, vers l'an 649 de Rome ; mais alors elle changea son nom de *sectio bonorum* en celui de *venditio bonorum* (Tite-Live, 38, 58, 60).

Voilà quelles en étaient les formalités. Après l'ancien délai de trente jours, le préteur prononçait l'envoi en possession des biens du débiteur au profit de ses créanciers, *jubebat bona possideri*. Après le décret, arrivait encore un délai de soixante jours pendant lequel on annonçait les conditions de la vente. Enfin, les biens étaient vendus à celui qui offrait le plus fort dividende (Gaïus, 3, 77-80). Telle était la *bonorum venditio* qui remplaça la *manus injectio*, supprimée définitivemt par la loi Ælutia et par les lois Julia (Bonjean, *Actions* § 165).

L'œuvre était cependant incomplète, car les débiteurs pouvaient frauduleusement diminuer leur patrimoine pour léser leurs créanciers. Il fallait protéger ceux-ci et leur accorder un secours efficace contre un danger de cette nature.

La première loi qui intervint à ce sujet est la loi Ælia Sentia, portée sous Auguste (757 de Rome). Elle restreignait la liberté d'affranchir, et décidait que l'affranchissement fait en fraude des droits des créanciers serait regardé comme nul.

Qu'entendait-on ici par fraude? Au dire de Gaïus, fraude signifiait seulement préjudice (Dig., liv. 40, 9, l. 10). Julien n'était pas de cet avis (Dig. 42, 8, l. 15); il exigeait formellement, pour qu'un affranchissement ait eu lieu en fraude des droits des créanciers, le concours du *consilium* et de l'*eventus*. Cette controverse, du reste, était indiquée par Gaïus lui-même (Gaïus, 40, 4, 57, Dig.)

Quoi qu'il en soit, la question fut tranchée plus tard, et l'opinion de ceux qui exigeaient la réunion du préjudice causé et l'intention de le causer triompha complétement.

On sait qu'à Rome il y avait une grande réprobation à mourir sans héritier ; mais lorsque le *de cujus* était notoirement insolvable, il était évident que personne ne voulait se présenter pour recueillir cette hérédité ; aussi la loi Ælia Sentia admit-elle, comme exception, l'affranchissement fait par le débiteur insolvable dans le but de se procurer un héritier nécessaire, sous le nom duquel devaient être vendus les biens du défunt. Cette exception était particulière à la loi Ælia Sentia : elle cessait de produire son effet lorsqu'une cause autre que l'insolvabilité du testateur s'opposait à l'affranchissement de l'héritier institué. En outre, même dans ce cas, elle était appliquée rigoureusement. Ainsi, l'esclave institué héritier par l'insolvable n'arrivait jamais à l'hérédité qu'à défaut de tout héritier testamentaire. Si plusieurs esclaves étaient institués par l'insolvable, s'ils étaient deux du même nom et qu'il fût impossible de distinguer celui que le testateur avait mis sur le premier rang, le testament restait sans effet.

La loi Ælia Sentia prévoyait le cas des affranchissements faits en fraude des créanciers, et elle les proclamait nuls de plein droit ; mais quant aux aliénations frauduleuses et aux autres actes par lesquels le débiteur pouvait se mettre hors d'état de satisfaire ses créanciers, tels qu'obligations et libérations frauduleuses, il n'en était question nulle part. Les intérêts des créanciers étaient donc on ne peut plus mal sauvegardés, puisque le débiteur pouvait aliéner tous ses biens sans en excepter les esclaves eux-mêmes. Aussi le préteur, qui avait la triple mission de corriger, de confirmer et de compléter le droit civil, sentit bientôt qu'il était utile de défendre les créanciers contre les débiteurs de mauvaise foi : alors fut créée l'action Paulienne, du nom du préteur Paulus, qui leur permit de faire rescinder les aliénations faites en fraude de leurs droits.

Les auteurs sont loin d'être d'accord sur le point de savoir à quelle époque il faut faire remonter la création de l'action Paulienne ; les uns, comme Cujas, la placent dans les premiers temps de la république romaine. Ce serait, suivant cet auteur, dans une lettre de Cicéron à Atticus qu'on trouverait la première trace de l'action Paulienne (Voy. Cicéron, *Lettres*, liv. I, lettre 10).

Les autres ont nié qu'il s'agît, dans ce passage, de l'action Paulienne ; ils ont cru n'y voir qu'une allusion à une *restitutio in integrum*. Ils ont dit que l'opinion de Cujas était en contradiction avec la marche ordinaire des améliorations de la législation romaine, puisque, plaçant la création de l'action Paulienne avant la loi Æbutia, elle présentait cette anomalie du droit civil complétant le droit prétorien, tandis que c'est toujours le contraire qui arrivait. Ainsi donc, d'un côté, un texte obscur, et, de l'autre, les principes les plus ordinaires de la législation romaine. Nous n'hésitons pas à nous rallier au second système, tout en reconnaissant ce qu'il peut avoir d'hypothétique.

Outre l'action Paulienne, nous trouvons au Digeste l'interdit *fraudatorium* dont Ulpien nous donne la formule dans la loi 10 pr. (loi 10 prin., Dig., *quæ in fraudem*). Cet interdit est-il antérieur ou postérieur à l'action Paulienne ? Cujas et Donneau pensent qu'il lui est antérieur. « Il est facile de reconnaître, dit M. Pellat, que « l'institution des interdits, postérieure aux actions de la « loi, fut antérieure aux formules d'actions. » Rien ne porte à penser qu'il en ait été autrement pour l'interdit fraudatoire (Pellat, *Prop. et usuf.*, p. 77, intr.)

On ne connaît pas bien le but particulier qu'avait eu le préteur en créant cet interdit, ni les différences qui le distinguaient de l'action Paulienne. Donneau pense que l'action et l'interdit faisaient double emploi. Cependant nous pensons que chacune de ces voies avait son utilité particulière : en effet, quand les créanciers agissaient par l'interdit, ils n'obtenaient pas les fruits du temps intermédiaire : *In interdictis exinde ratio habetur fructuum ex quo edita sunt, non retro*, disait Ulpien (loi 3, *de Interdictis*). Il n'y avait qu'une seule exception, c'était dans le cas de l'interdit *unde vi*; les fruits doivent être rendus à partir du jour de la dépossession (l. I, § 40, Dig., *de vi armata*, 43, 16).

Nous arrivons maintenant à l'examen de l'action plus générale dont il est question aux Instituts et au Digeste.

§ Ier.

DE LA NATURE DE L'ACTION PAULIENNE

Si nous examinons l'action Paulienne d'après les textes qui s'y rapportent, nous trouvons qu'elle se présente à nous avec deux caractères différents.

On a beaucoup discuté sur la question de savoir si l'action Paulienne était une action réelle ou si c'était une action personnelle. Les textes les plus contradictoires existent sur ce point et donnent lieu à presque autant de systèmes différents qu'il y a d'auteurs qui se sont occupés de la question.

Les Institutes de Justinien (liv. IV, tit. 6, § 6) disent formellement : *Si quis in fraudem creditorum rem suam alicui tradiderit, bonis ejus a creditoribus, ex sententia præsidis possessis, permittitur ipsis creditoribus, rescissa traditione, eam rem petere, id est dicere eam rem traditam non esse, et, ob id, in bonis debitoris mansisse.* Une action par laquelle on réclame la chose aliénée par le débiteur, en soutenant qu'elle n'est pas sortie de son patrimoine, parce que la tradition effectuée est non avenue, a bien incontestablement le caractère d'une action réelle. Remarquons, pour rendre le doute impossible, qu'elle est énumérée parmi les actions prétoriennes réelles ; et ce n'est qu'à partir du paragraphe 8 qu'il est question des actions prétoriennes personnelles.

D'un autre côté, le Digeste (liv. XLII, tit. 8) nous la présente, dans les lois qui se rapportent à cette action, comme une action *in factum*, personnelle et arbitraire. En présence d'une divergence de textes aussi évidente, quel est donc le véritable caractère de cette action ? Existait-il une seule action Paulienne, réelle ou personnelle, ou bien étaient-ce deux actions différentes, l'une personnelle, l'autre réelle ; c'est ce que nous allons rechercher en exposant les divers systèmes qui ont été développés sur cette matière.

Premier système. — Suivant Voët, l'action dont parle le § 6 des Instituts n'est autre chose qu'une action hypothécaire, qui fait en quelque sorte double emploi dans les Instituts avec le § 7 relatif à l'action Servienne, et qui servait à garantir aux créanciers le gage prétorien qui leur a été constitué par la *missio in possessionem* sur les biens du débiteur. Si donc, après la réalisation de ce droit de gage, le débiteur vient à l'aliéner, ses créanciers pourront intenter contre le tiers détenteur une action hypothécaire; or, l'action Paulienne des Instituts n'est pas autre chose que cette action hypothécaire ; elle suppose une aliénation survenue après la *missio in possessionem.*

Si cela était, pourquoi donc le texte exige-t-il l'existence de la fraude? Pourquoi établit-il une fiction en vertu de laquelle les biens aliénés seront censés être toujours restés dans le patrimoine du débiteur? Le créancier hypothécaire n'a ni condition à subir, ni fiction à invoquer; il s'est réservé un droit réel sur la chose hypothéquée, droit qui la suit partout où elle va et qu'il invoque sans avoir besoin de s'abriter derrière la personne du débiteur. En outre, si on adoptait l'opinion de Voët, il faudrait reconnaître une action hypothécaire qui ne serait ni la Servienne, ni la quasi-Servienne, et qui serait cachée dans un texte obscur des Instituts et dont aucune mention n'existerait au Digeste (Voët, *ad Pandecta,* liv. XLII, tit. 8).

2ᵉ système. — Selon Vinnius, il n'y aurait qu'une action Paulienne personnelle; l'action Paulienne réelle n'aurait jamais existé, et ce serait par simple négligence qu'elle se trouverait classée parmi les actions réelles prétoriennes. Les rédacteurs des Instilutes ont seulement voulu la rapprocher de l'action Publicienne et de l'action révocatoire du § 5, qui sont, comme elle, des actions fictives (Vinnius, *Comm. des Institutes*, liv. IV, til. 6, § 6).

Ce système ne nous semble pas plus admissible que le précédent. Comment admettre, en effet, dans l'œuvre de Tribonien une innovation aussi inexacte? Comment admette la supposition d'une erreur des rédacteurs qu'invoque Vinnius, en présence des preuves si convaincantes démontrant qu'il s'agit bien, dans le § 6, d'une action réelle?

3ᵉ système. — M. Bonjean reconnaît, au contraire, l'existence de deux actions Pauliennes, celle du § 6 des Institutes, qui est réelle, et celle du Digeste qui est personnelle; il examine seulement quelle est celle des deux qui a dû être considérée comme la plus ancienne, et il se prononce en faveur de l'action personnelle.

Quant à nous, nous croyons avec M. Bonjean qu'il existait deux actions Pauliennes : l'une réelle, c'est celle du § 6 des Institutes; l'autre personnelle, celle que l'on trouve au Digeste; mais nous pensons, avec MM. Ducauroy et Ortolan, que la création de l'action réelle fut antérieure à celle de l'action personnelle.

Les préteurs, en effet, trouvant dans le droit civil, dans

la loi Ælia Sentia, un modèle à suivre pour l'établissement
de leur action, n'ont, sans doute, fait qu'en développer
l'idée ; la loi considérait la liberté comme n'ayant jamais
été transmise : les préteurs supposaient que la tradition
n'avait pas été accomplie, et, comme le faisait la loi Ælia
Sentia, ils accordaient la revendication. Cependant ce
mode de protéger le droit des créanciers ne s'étendait
qu'aux aliénations et ne s'occupait pas d'une foule d'autres actes par lesquels un débiteur peut se rendre insolvable ; ce dernier pouvait toujours impunément renoncer
à ses droits et s'obliger en fraude de ses créanciers. Ce
fut alors, pour remédier à cette imperfection, que le préteur établit, dans son édit, une seconde action Paulienne
bien différente de la première. Il lui donna tous les dé-
veloppements que réclamaient l'équité et la protection
due aux droits des créanciers, et combla cette lacune en
garantissant ces derniers contre toute espèce de fraude
de la part du débiteur (loi 1, § 2. liv. XLII, tit. 6, Dig.,
et loi 10, § 22).

Ce n'est pas, du reste, le seul exemple de deux actions
de natures différentes, concourant au même but. C'est
ainsi que, dans le cas de violence, celui qui en avait été
la victime avait soit une action fictive et rescisoire *in rem*
en cas d'aliénation, soit l'action personnelle au quadruple
quod metus causa (Dig., loi 9, §§ 4 et 6, IV, 2).

Le préteur en fit une action *in factum* destinée à rétablir les choses dans l'état où elles étaient avant l'acte frauduleux. Puis, voulant aussi respecter les droits acquis des

tiers de bonne foi, il ne donna plus l'action Paulienne que contre les complices de la fraude et les acquéreurs à titre gratuit (loi 1 pr., et loi 9, 42, 6).

Cette distinction toute équitable finit probablement par s'étendre à l'action réelle et par en rendre l'utilité bien moins grande.

Ainsi donc, l'action Paulienne du Digeste était une action prétorienne rescisoire, arbitraire, mais *in factum* et personnelle : — prétorienne, car le Digeste nous rapporte l'édit du préteur qui la concerne ; — rescisoire, car Ulpien, interprétant l'édit, nous dit que les termes en sont généraux et qu'ils révoquent toute espèce d'actes frauduleux (loi 1, § 2, *quæ in fraud.* Dig.) ; — arbitraire, c'est-à-dire qu'après avoir vérifié l'*intentic*, et avant de passer à la condamnation, le juge avait le droit d'indiquer au défendeur ce qu'il avait à faire pour éviter la condamnation ; — *in factum*, nous la trouvons ainsi qualifiée dans notre titre, au Digeste ; — personnelle, les lois 14 et 17 prin. (Dig., *hoc tit.*) prouvent qu'elle peut avoir pour objet une obligation.

§ II

DES ACTES AUXQUELS EST APPLICABLE L'ACTION PAULIENNE

Il faut reconnaître tout d'abord que l'action Paulienne

n'est pas applicable aux actes par lesquels le débiteur manque d'accroître son patrimoine, mais qu'elle ne concerne que ceux par lesquels il s'appauvrit : *Non fraudantur creditores, quum quid non adquiritur a debitore, sed quum quid de bonis deminuitur* (loi 134, liv. L, tit. 17. Dig.) Ce principe est certainement très-équitable. Je refuse de vendre ma maison et de réaliser ainsi de gros bénéfices, mes créanciers ne pourront évidemment pas m'accuser de leur avoir nui de mauvaise foi et me réclamer une indemnité. Mais les jurisconsultes romains s'étaient montrés trop larges dans l'application de cette règle, et ils l'avaient étendue à des cas auxquels l'équité et la logique auraient voulu qu'elle ne fût pas appliquée. Ainsi, par exemple, un héritier pouvait librement renoncer à l'hérédité avantageuse qu'il aurait dû recueillir, ou abandonner un legs, et s'opposer à la réalisation d'une condition (Dig., loi 6, §§ 1, 2 et 4, *hoc tit.*)

Remarquons toutefois que le fisc avait le privilége de pouvoir exercer l'action Paulienne même dans le cas où il n'y avait pas diminution de patrimoine. C'est ce qui ressort de la loi 45 princ. (Dig. 49, 14).

Toutes les fois, au contraire, que ce ne sera pas un gain que le débiteur refusera de faire, mais une véritable perte qu'il éprouvera, ses créanciers seront admis à en demander la révocation. L'édit du préteur est en effet conçu en ces termes : *Quæ fraudationis gesta erunt; cum eo qui fraudem non ignoraverit, de his curatori bonorum, vel ei, vel cui de ea re actionem dare oportebit, intra annum quo*

experiundi potestas erit, actionem dabo (loi 1 princ., *hoc
tit.*)

Ulpien fait ensuite remarquer la généralité de ces mots :
« *Quæ gesta erunt* », *hæc verba generalia sunt*, dit-il,
*et continent in se omnem omnino in fraudem factam vel
alienationem vel quemcumque contractum* » (*id.*) Ainsi, les
aliénations, les actes constitutifs d'obligations, l'abandon
d'un gage tombent également sous le coup de l'action
Paulienne (lois 2 et 3 princ., *hoc tit.*) Il faut en dire
autant du paiement d'une créance avant terme (loi 10,
§ 12) et de la renonciation à une créance. Le serment
lui-même que l'on aurait déféré à un prétendu créancier
pour s'obliger, ou à un débiteur pour le libérer, pourra
être attaqué et devenir inefficace (loi 9, § 5, *de jurejurando*,
12, II, Dig.)

Il est donc incontestable que l'action Paulienne s'applique au cas d'une obligation contractée en fraude des
créanciers ; Ulpien le déclare (loi 3, princ. *hoc tit.*), et
les termes de l'Edit sont trop généraux pour qu'on en
doute. Dès lors, si le débiteur, fait addition d'une hérédité mauvaise en fraude de ses créanciers, il semble que
l'action Paulienne puisse être exercée. Cependant il n'en
est pas ainsi ; Ulpien nous dit à cet effet : *Quæsitum est
an interdum etiam heredis creditores possunt separationem
impetrare, si forte ille in fraudem ipsorum adierit hæredi-
tatem. Sed nullum remedium est proditum : sibi enim im-
putent si cum tali contraxerunt ; nisi si extra ordinem
putamus prætorem adversus calliditatem ejus subvenire,*

*qui talem fraudem commentus est ; quod non facile admis-
sum est* (Ulp., loi 1, § 5, Dig. 42, 6, *de separat.*)

Quel est le motif qui a fait admettre cette exception
aux principes généraux ? En voici la raison : Dans le droit
Romain on a toujours vu avec faveur l'addition d'hérédité,
comme on a toujours regardé comme un mal très-grand
l'abandon de la succession du défunt. Aussi voyons-nous
dans ce texte formel que non-seulement les créanciers de
l'héritier n'auront pas la séparation des patrimoines, dans
le cas dont nous parlons, mais encore qu'ils n'auront
aucun autre moyen de recours, *nullum remedium*. Le préteur pourra seulement, s'ils ont été victimes d'une mauvaise foi trop grande, leur accorder un secours.

§ III

A QUELLES CONDITIONS SE TROUVE SUBORDONNÉE L'EXERCICE DE L'ACTION PAULIENNE

Tout acte frauduleux exige la réunion de deux éléments : le dommage et l'intention, *eventus et consilium*.
Eventus, c'est le préjudice qui résulte de l'acte frauduleux
amenant ou augmentant l'insolvabilité du débiteur ; *consilium*, c'est l'intention de causer préjudice aux créanciers.

L'action Paulienne ne peut s'exercer que s'il y a concours de ces deux éléments dans la personne du débiteur,
mais il faudra, bien entendu, que ce soit la personne

qu'on a voulu frauder qui souffre réellement de la fraude. Si donc le créancier contre lequel cette fraude a eu lieu venait à changer, et que ce fût le créancier postérieur qui souffrît de l'insolvabilité du débiteur, il ne pourrait pas se plaindre. C'est ce qui ressort de l'hypothèse prévue par la loi 15 (*eod. tit.*)

Il faut donc que le créancier qui veut agir prouve que l'acte dont il se plaint lui est préjudiciable, parce qu'il a créé ou augmenté l'insolvabilité de son débiteur. La preuve est bien simple ; il se fera envoyer en possession, et, après la vente des biens, si la somme réalisée est insuffisante pour le désintéresser, il pourra intenter l'action Paulienne, pourvu qu'il prouve encore l'existence d'une intention frauduleuse (loi 10, § 1, Dig. *h. tit.*)

Quant à la fraude, il n'en est plus de même ; elle est bien plus difficile à prouver, car elle se dissimule toujours. Il est vrai que les créanciers pourront employer, pour la dévoiler, tous les genres de preuve sans restriction.

Mais en quoi consiste cette fraude dont nous parlons ? Un homme, qui a des dettes, se dépouille de tous ses biens ; ses créanciers seront-ils obligés de prouver qu'il a eu l'intention de leur nuire ? Non. La loi n'exige pas que l'on ait la volonté directe de faire perdre ses créanciers ; il suffit que l'on se rende insolvable en connaissance de cause (Voët, *ad Pandect.* loi 42. tit. 8). C'est ce qui résulte de la loi 17, qui nous dit : *Quamvis non proponatur consilium fraudandi habuisse, tamen qui creditores habere se scit, et universa bona sua alienavit, intelligendus est fraudandorum creditorum consilium habuisse* (Dig. 42, 6.)

De la part de qui l'intention frauduleuse est-elle exigée? A ce propos il faut faire une grande différence entre les actes à titre onéreux et les actes à titre gratuit. Pour les premiers, pas d'action, si les tiers contractants n'ont pas été complices de la fraude du débiteur ; pour les seconds, la fraude du débiteur seul suffit (loi 6, §§ 8 et 11, *hoc. tit.*)

A. ACTES A TITRE ONÉREUX. — L'action Paulienne ne peut être intentée si les tiers qui ont contracté à titre oné-reux avec le débiteur sont de bonne foi. Le tiers acqué-reur, en effet, n'a acquis ses droits qu'en donnant au dé-biteur un équivalent de ce qu'il recevait ; révoquer l'acte, c'eût été donc réellement l'appauvrir. Dans cette hypo-thèse, il lutte *de damno vitando*, comme les créanciers eux-mêmes ; or *in causa pari possessor potior haberi debet* (loi 128, *de reg. jur.*) Mais il n'est réellement *in pari causa* qu'autant qu'il est de bonne foi ; s'il en était autrement, si on pouvait voir la preuve de sa complicité à la fraude, on ne devrait pas hésiter à lui préférer les créanciers (loi 6, § 8, *hoc tit.*)

Cependant il ne faudrait pas se montrer trop facile pour admettre la fraude ; on ne pourrait, par exemple, l'in-duire de ce que le tiers acquéreur a su que son co-con-tractant avait des dettes ; car il a pu raisonnablement espérer que les ressources de son débiteur seraient suffi-santes pour faire face à ses dettes : bien plus, il échappe-

2 S.

rait à l'action Paulienne, malgré sa mauvaise foi, si, avant
de traiter avec le débiteur, il avait obtenu le consentement
des créanciers : *Nemo videtur enim fraudare eos qui sciunt
et consentiunt* (Dig., loi 6, § 9, *h. tit.*) Mais, au contraire,
quand bien même il aurait cru agir sans fraude, il serait
considéré comme étant de mauvaise foi, s'il avait contracté
avec le débiteur, au mépris de la défense que lui auraient
faite les créanciers (loi 10, § 3, *eod. tit.*)

Au reste, pour que l'acte du créancier puisse être attaqué, il suffit que le tiers ait su qu'un seul des créanciers
était fraudé (loi 10, § 6, *h. tit.*), et il ne pourrait pas
éviter l'action Paulienne, si, dans l'intention de s'y soustraire, il offrait de désintéresser le créancier fraudé (loi 10
§ 8, *id.*)

Une décision particulière fut introduite à propos du
pupille. Si un débiteur a contracté en fraude de ses créanciers avec un pupille, on n'exige qu'une chose, l'existence
du préjudice et l'intention frauduleuse de ce débiteur,
pour que l'action puisse être exercée, peu importe que le
pupille ait été ou non complice de la fraude (loi 6, § 10,
id.) Une doctrine contraire aurait rendu illusoire, dans
la plupart des cas, le secours accordé aux créanciers et aurait
facilité la fraude au débiteur, qui n'aurait jamais manqué
de traiter avec un pupille pour empêcher les créanciers de
faire révoquer. Au reste, l'action ne peut être intentée
contre le pupille que jusqu'à concurrence de ce dont il
s'est enrichi ; dès lors, personne ne peut plus se plaindre.
Pothier cependant prétend que le jurisconsulte ne veut

pas parler d'un acte à titre onéreux dans cette loi. Mais il se trompe, car cette décision est spéciale au pupille, et ce n'est que dans le paragraphe suivant qu'Ulpien arrive aux libéralités.

Si le tuteur a agi pour le pupille, on examinera seulement s'il a connu ou s'il a ignoré la mauvaise foi du débiteur, et on appliquera les règles ordinaires, sans tenir compte du pupille ; seulement l'action ne sera intentée contre ce dernier que *quatenus locupletior factus est.* Le dol du tuteur ne peut ni lui nuire ni lui profiter (Dig., loi 10, § 5, *eod. tit.*)

Un créancier ne sera jamais considéré comme coupable de fraude quand il recevra le paiement de ce qui lui est dû : *Apud Labeonem scriptum est eum qui suum recipiat nullum videri fraudem facere, hoc est, eum, qui quod sibi debetur, receperat* (Dig., loi 6, § 6), car il n'a fait qu'user de son droit ; il a été vigilant, il doit donc conserver le bénéfice de son activité. Bien plus, si le paiement lui avait été refusé, il aurait pu l'obtenir de force par des poursuites judiciaires : *Eum enim quem præses solvere cogat invitum, impune non solvere iniquum esse* (loi 6, § 6, *id.*)

Cependant le débiteur ne pourrait payer un de ses créanciers, si ces derniers ont été mis en possession de ses biens par le préteur, car tous ils ont un droit de gage égal sur les biens, et ce serait y porter atteinte que de payer l'un d'eux intégralement (loi 6, § 6, loi 10, § 16, loi 24, *in fin.* Dig., *hoc tit.*)

B. — ACTES A TITRE GRATUIT. — Les donations faites

par un débiteur en fraude de ses créanciers peuvent être attaquées, quoique les donataires soient de bonne foi. *Simili modo dicimus, et si cui donatum est, non esse quærendum an sciente eo cui donatum, gestum sit. Sed hoc tantum, an fraudentur creditores? Nec videtur injuriâ affici is qui ignoraverit ; cum lucrum extorqueatur, non damnum infligatur* (loi 6, § 11 *id.*)

Cependant il importe de voir si le donateur a reçu de bonne foi, car l'action Paulienne ne peut être exercée contre qui est resté étranger à la fraude que jusqu'à concurrence de ce dont il s'est enrichi (*id.*)

Cette doctrine est facile à justifier ; un donataire, qui lutte *de lucro captando,* en présence de créanciers qui luttent *de damno vitando,* il est bien juste que l'intérêt du premier cède à celui du second.

La différence que nous venons d'exposer entre les conditions de révocation des actes à titre gratuit et à titre onéreux devait amener les jurisconsultes à déterminer le caractère de certains actes, qui, avec les apparences de libéralités, empruntent cependant quelque chose à la nature des contrats onéreux. En tête de ces actes, il faut citer la constitution de dot. Quoiqu'elle fût obligatoire pour le père de famille, et quelquefois pour la mère (Dig. loi 19, *de ritu nuptiarum ;* Code, loi 14, *de jure dotium*), elle était cependant considérée, à l'égard de la fille, comme une pure libéralité de leur part. Pour le mari, au contraire, la réception de la dot n'était regardée que comme une acquisition à titre onéreux. Il s'obligeait, en effet, à supporter les charges du mariage, et l'on pensait qu'il n'eût sans doute pas épousé la femme sans la dot, *quia is indotatam uxorem ducturus non fuerit*, disait la loi 25 (Dig. 42, tit. 8). D'après cette loi, la révocation de la constitution de dot n'était prononcée contre le mari que s'il était complice de la fraude. La femme, au contraire, était toujours, quelle que fût sa bonne foi, soumise à l'action révocatoire, soit après la dissolution du mariage pour restituer ce qu'elle avait reçu, soit pendant le mariage, pour donner caution à ses créanciers d'opérer la restitution (loi 25, *loc. cit.*)

La remise de dette, quoiqu'étant souvent un contrat à titre gratuit, a quelquefois aussi le caractère de contrat à titre onéreux, si, par exemple, elle est faite pour provoquer une remise réciproque. Suivant cette distinction, tantôt on obligeait les créanciers à prouver l'intention frauduleuse chez le débiteur libéré, tantôt on les dispensait de cette preuve. Toutefois, d'après la loi 25 précitée, dans le cas où acceptilation aurait été faite au débiteur de mauvaise foi, si le fidéjusseur qui garantit le droit du créancier est aussi de mauvaise foi, l'action Paulienne serait donnée contre tous les deux. Mais s'il est de bonne foi, l'action ne serait pas donnée contre lui : car *magis detrimentum patitur, quam lucrum facit* (loi 25, *hoc tit. princ.*)

La même loi suppose deux codébiteurs solidaires, et déclare que la même décision doit s'appliquer à chacun d'eux. *In duobus autem reis par utriusque causa est* (Dig. *loc.* cit.)

§ IV

A QUI EST DONNÉE L'ACTION PAULIENNE

Tout créancier, quelle que soit sa qualité, peut intenter l'action Paulienne, pourvu qu'il soit victime de la fraude. Ceux-là seuls pouvaient donc avoir un recours, dont la créance existait avant les actes frauduleux qui avaient diminué le gage sur lequel les créanciers avaient compté. Les créanciers, postérieurs à ces actes, ne pouvaient les attaquer que dans le cas où ils auraient désintéressé des créanciers dont la créance existait au moment où la fraude avait été commise : c'était une espèce de subrogation qui leur était accordée (loi 16, loi 10, § 1, *hoc tit.*) Cependant, si le paiement avait été fait uniquement pour éviter l'action, cette action serait donnée contre l'auteur de la fraude (loi 10, § 8, *id.*)

L'action Paulienne qui appartient à un créancier, passe à son héritier et à ses autres successeurs ; *hæc actio heredi cæterisque successoribus competit* (loi 10, § 25, *id.*)

Il est bien entendu que le débiteur qui avait fraudé ses créanciers ne pouvait pas demander la révocation des actes qu'il avait faits lui-même, *nemo auditur propriam turpitudinem allegans*. Ses héritiers ne le pourront pas davantage parce qu'ils représentent sa personne (Code, loi 4, tit. 75, liv. VII).

L'exercice de l'action Paulienne compétait soit aux créanciers, soit au *curator bonorum* ou syndic chargé de représenter la masse (loi 1, Dig., *hoc tit.*)

§ V

CONTRE QUI PEUT ÊTRE INTENTÉE L'ACTION PAULIENNE

L'action Paulienne pouvait être intentée en premier lieu contre le débiteur qui avait commis la fraude. *Idque etiam adversus ipsum, qui fraudem fecit servabo*, disait le préteur dans son édit (loi 1, pr., *hoc. tit.*) C'était, aux yeux du jurisconsulte Méla une iniquité et une violation du principe en vertu duquel le débiteur dépouillé de ses biens par suite de la *venditio bonorum*, ne pouvait plus être poursuivi. Malgré ce principe, l'action était cependant admise contre lui s'il avait disposé d'une chose en fraude de ses créanciers, de telle manière que ces derniers ne pussent en aucun cas la recouvrer. Il était alors justement puni de sa mauvaise foi en subissant un emprisonnement pour dettes ; le préteur n'avait pas voulu laisser impunie une fraude irréparable pécuniairement (loi 25, § 7, *hoc tit.* Dig. ; loi 6, liv. VII. tit. 75, Code).

L'édit soumet encore le tiers acquéreur à l'action Paulienne ; mais ce qu'on peut demander de lui varie selon qu'il est ou non de bonne foi. Est-il de bonne foi, n'a-t-il pas participé à la fraude, il échappera complétement à l'action. Mais s'il s'est rendu complice du débiteur, il doit réparer le tort qu'il a causé aux créanciers ; il rendra donc ce qu'il a reçu s'il le possède encore, sinon il devra restituer le prix qu'il en a retiré (loi 9, *loc. cit.* **Dig.**)

L'acquéreur à titre gratuit est tenu aussi de rendre ce qu'il a reçu ; sa bonne foi ne le libérerait même pas de cette obligation, à moins que la chose ait péri, et qu'il n'ait retiré aucun avantage de la donation qui lui a été faite.

L'action Paulienne se donne aussi contre les héritiers des tiers acquéreurs, mais contre eux elle perd son caractère pénal et n'a d'autre but que de les forcer à restituer ce dont la fraude de leur auteur les a enrichis ; *Cassius actionem introduxit in id quod ad heredem pervenit* (Dig. *hoc. tit.* loi 11).

Remarquons toutefois que l'action Paulienne serait intentée pour le tout contre l'héritier, si un procès ayant été commencé contre le défunt il y avait eu *litis contestatio* ; dans ce cas, en effet, l'instance continuera contre les héritiers et produira contre eux les mêmes effets que contre le défunt (Inst. Just. liv. IV, tit. 12, § 1).

L'action Paulienne était-elle donnée contre les sous-acquéreurs ? Ils ne pourront pas, sans nul doute, être poursuivis s'ils ont acheté d'un acquéreur à titre onéreux et de bonne foi. En dehors de ce cas, il faudra leur appliquer exactement les mêmes principes qu'à ceux qui ont traité directement avec le débiteur coupable de fraude. S'ils ont acquis à titre onéreux, ils ne pourront être inquiétés qu'autant qu'ils auront été complices de la fraude; mais s'ils ont acquis à titre gratuit, l'action Paulienne sera donnée contre eux sans aucune distinction ; *non est quœrendum, an sciente eo cui donatum, gestum sit ; sed hoc tantum an fraudentur creditores* (loi 6, § 11, *eod. tit.* Dig.)

Nous venons de nous occuper jusqu'ici de l'action Paulienne personnelle ; quant à la Paulienne réelle, elle pouvait être intentée contre les tiers acquéreurs ou sous-acquéreurs, pourvu qu'ils détinssent la chose aliénée frauduleusement par le débiteur. Mais pour qu'elle pût être exercée contre eux, suffisait-il qu'ils détinssent la chose aliénée par le débiteur en fraude de ses créanciers? Ou bien fallait-il encore qu'ils eussent été complices de la fraude, s'ils avaient acquis à titre onéreux ? Aucun texte n'exige cette dernière condition pour la Paulienne réelle, et les textes du Digeste sont spéciaux à la Paulienne personnelle. Néanmoins nous pensons que le préteur, sans y être obligé, avait probablement égard à la bonne foi ou à la mauvaise foi des tiers acquéreurs à titre onéreux, et n'accordait point cette action s'ils étaient de bonne foi. En effet, le préteur ne devait l'accorder que *causá cognitâ* et dans les cas où l'équité le permettait. Un tiers de bonne foi lutte tout aussi bien que les créanciers *ae damno vitando*, et, au point de vue de l'équité, il est, tout autant que les créanciers, digne d'intérêt; il devait donc l'emporter à la faveur de la maxime *in pari causa possessor potior haberi debet* (loi 128 pr., Dig. *de reg. juris*).

§ VI

DES EFFETS DE L'ACTION PAULIENNE

L'action Paulienne réelle ou personnelle était *arbitraire*. En conséquence, le magistrat, avant de condamner le défendeur, prononçait contre lui une sentence préalable, *jussus* ou *arbitrium*, lui ordonnant de donner satisfaction au demandeur. Cette satifaction consistait dans l'anéantissement de l'acte attaqué comme frauduleux : *Prœterea generaliter sciendum est, ex hac actione restitutionem fieri oportere in pristinum statum, sive res fuerunt sive obligationes* (loi 10, § 22, Dig., *eod. tit.*)

Nous avons dit qu'il en était de même pour la Paulienne réelle; en effet, par la revendication, les créanciers ramenaient également les choses au même état que si l'aliénation n'avait pas eu lieu (Inst., § 6, *de Action.*)

Ainsi, les créanciers exerçaient-ils la Paulienne réelle, le défendeur devait satisfaire à la revendication dirigée contre lui, en restituant la chose revendiquée avec tous ses accessoires.

Exerçaient-ils la Paulienne personnelle, voici quelles satisfactions leur étaient dues : l'acte attaqué comme consenti frauduleusement par le débiteur était-il une aliénation, le défendeur restituait la chose qui en était l'objet avec tous ses accessoires; — une remise de dette, le défendeur s'obligeait à nouveau; — l'acquittement d'une obligation conditionnelle avant l'arrivée de la condition, le défendeur remboursait la somme acquittée, si la condition n'était pas accomplie, et l'obligation pesant sur le débiteur était rétablie avec sa condition, si toutefois celle-ci n'était pas défaillie; — l'acquittement d'une obligation à terme avant l'échéance du terme, le défendeur restituait aux créanciers ce qu'il avait reçu du débiteur, et l'obligation était rétablie avec ce qui restait à courir du terme lors du paiement fait par le débiteur, ou bien le défendeur tenait compte aux créanciers des intérêts qu'avait perdus le débiteur en payant avant l'échéance, etc., etc. (Dig., loi 10, §§ 22 et 23, *quæ in fraudem*).

Nous avons déjà dit que si le défendeur se conformait au *jussus* de manière à donner satisfaction aux créanciers, il était absous. Mais si le *jussus* restait inexécuté, *nisi restituat, nisi exhibeat*, le magistrat prononçait contre lui une condamnation. La fixation de cette condamnation était faite suivant le véritable intérêt qu'avaient les créanciers à la restitution, dans le cas où le défendeur s'était mis, sans aucun dol, dans l'impossibilité de restituer. Au contraire, s'il y avait eu dol de sa part, il était condamné sans réduction à payer aux créanciers la valeur pécuniaire de la chose que ceux-ci affirmaient, sur serment, leur être due par le défendeur (loi 68, *de rei vindic.* Dig.)

Nous avons dit plus haut qu'en cas d'aliénation frauduleuse, le défendeur devait restituer la chose avec ses accessoires. Parmi ces accessoires les plus importants sont les fruits.

Le possesseur de mauvaise foi (*prædo*) devait rendre tous les fruits par lui perçus, consommés ou non, et tous ceux que, par sa faute, il avait manqué de percevoir. Quant au possesseur de bonne foi, il ne devait compte ni des fruits qu'il avait manqué de percevoir, ni de ceux qu'il avait perçus et consommés jusqu'au jour de la *litis contestatio*. A partir de ce jour, il était assimilé au possesseur de mauvaise foi (loi 22, *de rei vindicatiane*, Code, — liv. IV, t. 17, § 2. Inst. Just., — loi 33, Dig. *de rei vindic.*)

Ces principes s'appliquent évidemment à la Paulienne réelle, puisqu'ils sont formulés au titre de la revendication et qu'elle n'est elle-même qu'une revendication. Aucun texte n'y dérogeait.

Dans le cas de la Paulienne personnelle, les fruits doivent aussi être restitués avec la chose. *Per hanc actionem res restitui debet cum sua scilicet causa*, dit la loi 10, § 19 (Dig., *quæ in fraud.*) Mais les jurisconsultes distinguaient :

1° Les fruits pendants par branches ou racines au moment de l'aliénation consentie par le débiteur; ils devaient être rendus, car ils faisaient partie des biens auxquels ils étaient attachés et, comme eux, ils avaient été aliénés frauduleusement (Dig., loi 25, § 4, *eod. tit.*);

2° Les fruits que le défendeur avait, depuis la *litis con-testatio*, perçus ou manqué de percevoir devaient également être rendus par lui, qu'il fût de bonne ou de mau-vaise foi, peu importe (loi 25, § 10, loi 10, § 20, *eod. tit.* Dig.)

3° Quant aux fruits nés et perçus dans l'intervalle, *medio tempore*, c'est-à-dire depuis l'aliénation jusqu'à la *litis contestatio*, il n'est pas tenu de les restituer; ils n'a-vaient jamais été dans les biens du débiteur, *quia in bonis (fraudatoris) non fuerit* (*id.*, loi 25, § 4).

La loi 25, § 4, de notre titre au Digeste ne distingue pas entre le possesseur de mauvaise foi et le possesseur de bonne foi. Mais comme ce texte n'est qu'une loi d'excep-tion, nous pensons qu'il faut se reporter aux principes généraux chaque fois que l'exception n'y déroge pas. Or, cette loi est muette sur ce point. Nous devons donc en conclure qu'elle ne s'applique qu'au possesseur de bonne foi, conformément au principe général d'après lequel lui seul peut faire les fruits siens. Comment d'ailleurs pour-rait-on admettre qu'un possesseur de mauvaise foi pût tirer avantage de la possession et conserver les fruits par lui perçus dans le temps intermédiaire, alors qu'il devait compte même des fruits qu'il avait manqué de percevoir? Pour corroborer cette opinion conforme à l'équité, nous avons la loi 10, § 20 (*hoc. tit.*), dans laquelle Ulpien nous dit : *Et fructus non tantum qui percepti sunt, verum etiam hi, qui percipi potuerunt, a fraudatore veniunt*. Au sur-plus, la loi 38, § 4 (Dig., *de usuris et fructibus*) assimile l'action Paulienne à l'action Favienne. *In Faviana quoque actione et Pauliana, per quam quæ in fraudem creditorum alienata sunt, revocantur, fructus quoque restituuntur, nam prætor id agit ut perinde sint omnia atque si nihil alienatum esset;* or, la loi 2 (titre 5, liv. XXXVIII, Dig.) nous dit, en parlant de cette dernière action, que tous les fruits perçus avant la *litis contestatio* doivent être restitués.

Supposons maintenant que le défendeur ait fait des impenses sur la chose à restituer. Etait-il de bonne foi ? Il pourra opposer aux créanciers l'exception de dol, retenir la chose et les forcer à déduire du montant de la restitution qu'ils réclament ses dépenses nécessaires et même utiles. Mais, comme il conservait les fruits nés et perçus jusqu'à la *litis contestatio*, et qu'il avait été dédommagé de ses dépenses jusqu'à concurrence de la valeur de ces fruits, on la déduisait du montant des dépenses, et il ne pouvait se faire indemniser que de l'excédant des dépenses, s'il y en avait (loi 48, Dig., *de rei vind.*) Etait-il de mauvaise foi ? Il forçait avec l'aide des mêmes moyens, c'est-à-dire de l'exception du dol et du droit de rétention, les créanciers à subir sur le montant de leur demande, la déduction de la valeur des impenses nécessaires seulement, ainsi que de celles qu'il avait faites avec leur consentement. On ne compensait pas les fruits avec ces dépenses, puisqu'il ne les conservait pas (loi 10, § 20, Dig., *quæ in fraudem*). Les impenses nécessaires comprenaient aussi les frais de labour, de semences et de récolte (loi 46, Dig., *de usuris*).

Comme les créanciers ne devaient pas s'enrichir aux dépens de l'acquéreur évincé, il fut admis que le prix, que ce dernier avait payé, devait lui être rendu s'il existait encore dans les biens du débiteur : *Ut si nummi soluti in bonis exstent jubent eos reddi; quia ea ratione nemo fraudetur* (Dig., *eod. tit.*, loi 8).

§ VII

DE LA DURÉE DE L'ACTION PAULIENNE

L'action Paulienne était annale (loi 1 prin., Dig., *hoc. tit.*) comme la plupart des actions prétoriennes. L'année pendant laquelle elle était donnée était une année utile, c'est-à-dire qu'on ne faisait entrer dans sa composition que les jours fastes, les seuls où la justice était rendue et où l'action pouvait être délivrée.

Justinien substitua à ce délai un délai fixe de quatre ans, pour lequel on comptait les jours fastes aussi bien que les autres (loi 7, Code, *de temp. in int. rest.*)

Le point de départ de ce délai d'un an était celui de la vente des biens, car ce n'est qu'après cette vente que les créanciers pouvaient exercer l'action Paulienne : *Annus hujus in factum actionis computabitur ex die venditionis bonorum* (Dig., loi 6, § 14 et 10, § 18, *hoc. tit.*)

Après l'expiration de ce délai, les créanciers n'étaient

cependant pas privés de tout secours. Ils pouvaient encore
intenter l'action Paulienne jusqu'à concurrence de ce
dont s'était enrichi le tiers contractant. Le préteur ne
voulait pas qu'on pût tirer avantage d'un acte frauduleux :
*Hæc actio post annum, de eo quod ad eum pervenit, ad-
versus quem actio movetur, competit* (loi 10, § 24, Dig.,
hoc. tit.)

DROIT FRANÇAIS

DES RAPPORTS

(Cod. civ., art. 843 à 869)

INTRODUCTION

Droit romain

On ne trouve, dans le droit romain primitif, aucune disposition qu'on puisse assimiler au rapport proprement dit. Cependant, quoiqu'il n'y ait pas analogie parfaite, la *collatio*, lorsqu'elle fut instituée par les préteurs, s'en rapprocha beaucoup.

Dans les premiers temps de la législation romaine, la *collatio bonorum* était complétement inconnue. En effet, la loi des Douze Tables portait : *1° Uti legassit super pecunia tutelave rei suæ, ita jus esto ; 2° Si intestato moritur, cui suus heres non sit, adgnatus proximus familiam habeto.*

3 S.

Ce droit si simple ne se maintint pas longtemps dans sa pureté primitive. En effet, d'un côté, les prudents décidèrent que les héritiers siens étaient, en quelque sorte, co-propriétaires avec le *de cujus*, qu'en conséquence ce dernier ne pouvait leur enlever l'hérédité qu'après les avoir expressément exhérédés. Plus tard, on alla plus loin encore et l'on décida que le testateur qui avait exhérédé ses enfants sans juste cause devait être considéré avoir testé *quasi non suæ mentis fuerit*; son testament devait donc être annulé (Inst. Just., *de inoff. test.*)

D'un autre côté, il était injuste que les enfants émancipés ne pussent rien recueillir de la succession paternelle, car, dans toute la rigueur du droit ancien, la succession ne pouvait appartenir qu'à la famille civile, et, par suite de la *capitis deminutio*, ceux qui en étaient sortis avaient cessé de faire partie de cette famille. Le droit civil ne tenait aucun compte du lien naturel, si étroit cependant, qui unissait le père de famille à ses enfants, et ce fut seulement le préteur qui y eut égard. Aussi leur accorda-t-il les *bonorum possessiones*, au moyen desquelles leur position était presque aussi favorable que celle des héritiers siens. S'il n'y avait pas eu de testament, ils obtenaient du préteur la *bonorum possessio unde liberi*, au moyen de laquelle ils pouvaient intervenir au partage avec les héritiers siens. Y avait-il un testament, si toutefois les émancipés n'avaient été ni institués, ni régulièrement exhérédés, le préteur leur donnait la *bonorum possessio contra tabulas*, par laquelle ils faisaient tomber le testament et arrivaient au partage de l'hérédité (Dig., loi 1, § 6, loi 3, § 11, *de bonorum poss. contr. tab.*)

Enfin, les émancipés eux-mêmes furent admis à jouir du bénéfice de la *querela inofficiosi testamenti* lorsqu'ils se trouvaient injustement exhérédés (*ibid.* loi 10, § 5, — Gaïus C. 2, § 135 ; Ulpien, Reg. xxii, § 23).

Ce fut spécialement dans cette dérogation introduite en faveur des émancipés que la *collatio bonorum* prit son origine. En effet, le préteur s'aperçut bientôt que la position qu'il avait faite aux émancipés était trop avantageuse et avait dépassé le but qu'il avait voulu atteindre ; car la succession du père de famille étant grossie de tous les biens recueillis durant la vie du *de cujus* par les enfants en puissance, qui n'étaient considérés, à vrai dire, dans les mains du *paterfamilias* que comme un instrument pour acquérir, on aurait porté une grave atteinte à l'équité si l'on avait admis l'émancipé à prendre sa part dans cette succession, sans l'obliger, en retour, à faire partager aux *sui* les épargnes qu'il pouvait avoir faites pendant le même temps.

Tout ce que les enfants siens avaient acquis, était compris dans les biens à partager ; les émancipés, au contraire, possédaient personnellement tout ce dont ils s'étaient enrichis, soit à titre gratuit, soit à titre onéreux, et, quoique n'ayant pas du tout contribué à augmenter les biens de la famille, ils venaient cependant prendre part à l'hérédité.

Une telle injustice et une inégalité aussi flagrante

devaient nécessairement frapper le préteur. Aussi, voulut-il y parer en ordonnant aux émancipés, qui demandaient la *bonorum possessio* des biens paternels, de rapporter à leurs frères les gains amassés par eux depuis leur émancipation, biens qui auraient enrichi le père commun, s'ils fussent restés dans la famille (Ulp. Reg. t. 28, § 4).

Cette remise des biens dans la succession paternelle fut appelée *collatio bonorum*. Telle est l'origine de la *collatio*.

Introduite par les préteurs en même temps que les possessions de biens, elle fut un expédient imaginé par eux pour maintenir l'égalité dans le partage de la succession du père de famille entre les enfants restés, jusqu'à sa mort, incapables de rien posséder en propre, et ceux qui avaient été relevés plus tôt de cette incapacité.

Au moyen de cette innovation les héritiers siens perdirent tout droit de se plaindre du concours de leur frère émancipé. Aussi les jurisconsultes romains sont-ils unanimes pour vanter le résultat équitable de la *collatio : Hic titulus manifestam habet æquitatem*, dit Ulpien (Dig. *de collatione*, loi 1, prin.)

Plus tard la *collatio* s'étendit encore aux héritiers siens ; c'est ainsi que la fille, même en puissance, fut obligée de rapporter sa dot à ses frères lorsqu'elle venait avec eux au partage de l'hérédité, et on appliquait à cette *collatio doti* une partie des règles de la *collatio* ordinaire.

Cependant les pécules *castrense* et *quasi-castrense* furent affranchis de l'obligation de la *collatio* par plusieurs constitutions, et Justinien trancha dans le même sens la difficulté qui s'était élevée au sujet du pécule adventice.

Sous les derniers empereurs les donations *ante nuptias* et *propter nuptias* furent soumises aux mêmes règles que la dot, et durent, comme elle, être soumises à la *collatio*. Une constitution de l'empereur Léon régularisa la *collatio* de ces donations.

Enfin, les règles de la *collatio* ordinaire furent encore appliquées aux donations ordinaires, *donationes simplices*, faites par le père au fils de famille.

D'autres changements furent encore apportés à la *collatio*; c'est ainsi que les empereurs y assujettirent des héritiers qui n'avaient jamais été sous la puissance du *de cujus* et en firent profiter d'autres qui, dans le principe, n'auraient pas été appelés à la succession même par le préteur.

Malgré les changements radicaux apportés au droit des successions par la Novelle cxviii, la *collatio* lui survécut encore.

Nous venons de voir combien cette *collatio* répond peu à l'idée que nous nous faisons aujourd'hui du rapport. Il ne s'agit pas de biens que l'on rapporte dans un patrimoine d'où ils sont sortis et qui y rentrent pour rétablir l'égalité entre ceux qui viennent au partage. Les biens qui sont apportés par l'émancipé n'ont jamais appartenu au *de cujus*; il n'y a donc, ainsi que nous l'avons déjà dit au commencement de ce chapitre, aucune analogie entre la *collatio* prétorienne et le rapport de notre droit moderne.

Destinée d'abord à régulariser deux législations en conflit, si l'idée de la *collatio* s'était maintenue telle qu'elle existait dans le principe, si elle n'avait pas été modifiée et transformée par la suite, on pourrait dire que la théorie du rapport était complétement inconnue dans le droit romain. Mais par suite de règles spéciales et nouvelles introduites successivement, c'est-à-dire lorsque l'on eut étendu l'obligation de conférer aux filles dotées, effacé les différences qui existaient, au point de vue de cette obligation, entre les enfants émancipés et les enfants non émancipés et que l'on y eût soumis indistinctement tous les enfants venant à la succession, à moins qu'ils n'en aient été dispensés formellement par leur père, la théorie de la *collatio* subit une transformation complète et graduelle. Un double mouvement en sens inverse s'était produit. D'une part, les biens acquis par le chef de famille étant restreints, cela restreignit par là-même ceux à rapporter. D'autre part, la distinction entre la famille civile et la famille naturelle s'effaçant, on vit s'accroître le nombre des personnes qui devaient la *collatio,* d'autant plus que de nouvelles classes d'héritiers furent créées.

C'est donc avec raison que l'on a pu dire que de l'idée d'un apport à fait par les enfants émancipés on arriva à celle d'un rapport que durent faire à la masse les enfants avantagés, émancipés ou non.

Droit ancien.

Les pays de droit écrit suivirent en tous points la loi romaine sur la *collatio*.

Quant aux pays de coutumes, il en fut différemment et « l'on n'aurait jamais fini, s'écriait Lebrun, si l'on voulait rapporter toutes les dispositions des coutumes sur ce sujet. » (Liv. III, ch. 7, n°s 3-17).

Quoiqu'il soit assez difficile de présenter un résumé complet et exact de la législation coutumière sur cette matière, il y a cependant quelques règles qui en formaient à peu de chose près le droit commun :

1° Obligation pour les descendants de rapporter à la succession de leurs ascendants les dons entre-vifs par eux reçus du défunt sans pouvoir réclamer les legs qu'il leur avait faits (Cout. de Paris, art. 303 et 304).

En succession collatérale, les coutumes n'exigeaient pas le rapport des dons entre-vifs, sauf quelques exceptions qui défendaient d'avantager son héritier d'une manière quelconque.

Dans le cas où les ascendants venaient à la succession de leurs descendants, il était généralement admis que le rapport ne devait pas avoir lieu : « Par la raison, disait « encore Lebrun, que la succession leur est moins due ; « car, moins la succession est due, moins on doit obser- « ver l'égalité » (Liv. III, ch. 6, sect. II, n° 12) ;

2° Incompatibilité absolue pour tous les héritiers, quels qu'ils fussent, ascendants, descendants ou collatéraux, de réunir les qualités d'héritier et de légataire, c'est-à-dire que nul ne pouvait recueillir en même temps la part que lui attribuait la loi et un legs provenant du défunt : « Aucun ne peut être héritier et légataire du défunt » ainsi s'exprimaient la Coutume de Paris (art. 300) et la Coutume d'Orléans (art. 228).

Il est très-difficile de dire exactement quel était le fondement de cette dernière règle. Plusieurs explications ont été fournies à ce sujet, entre autres celle de Ferrière, qui l'expliquait « par cette raison, disait-il, qu'il est im-« possible d'être créancier de soi-même » (*Successions*, ch. 4, art. 3, § 2), et celle de Lebrun. D'après ce dernier cette règle avait été introduite par la volonté de laisser les propres dans chaque ligne (Liv. III, ch. 7, n° 1).

Ces deux explications ne sont pas satisfaisantes et nous pensons que la plus vraisemblable est celle de Pothier, qui la fait reposer sur le désir de maintenir une égalité parfaite entre les héritiers, ou, comme il le dit lui-même, « sur l'inclination de notre droit français à conserver « l'égalité entre les héritiers, comme moyen de conserver « la paix et la concorde dans les familles, et d'en exclure « les jalousies auxquelles donneraient lieu les avantages « que l'on ferait à un héritier par-dessus les autres. » (ch. 4, art. 3).

Il ajoute encore que les coutumes se contentent d'une égalité moins parfaite entre les collatéraux qu'entre les enfants et que c'est pour cette raison qu'elles accordent aux premiers ce qu'elles refusent aux seconds, c'est-à-dire le droit de conserver, tout en recueillant leur part héréditaire, les donations entre-vifs (*loc. cit.*)

Nous ferons encore remarquer avec M. Demolombe, pour expliquer cette différence entre le legs et la donation entre-vifs, que cette dernière est un fait accompli, antérieur, éveillant moins les susceptibilités que le legs, qui fait ressortir d'une manière éclatante l'inégalité et la préférence dans la succession elle-même (t. 4, n° 157).

D'après MM. Aubry et Rau (t. V, § 626 bis, note 10), l'origine de cette règle repose sur le système du *condominium familiæ*, de la co-propriété familiale. Sans doute, il n'est pas impossible que ce système ait été pour quelque chose dans l'introduction de cette règle, mais on ne peut sur ce point hasarder que des conjectures, et il est douteux, comme le fait encore observer M. Demolombe, que nos origines françaises aient eu pour point de départ « ce système germanique de la co-propriété familiale. »

Quoi qu'il en soit, ce principe d'égalité est très ancien dans notre droit. Nous en voyons les premières traces dans le formulaire de Marculfe (viie siècle) et dans Beaumanoir (1283) (*Coutume de Beauvoisis*, ch. 14, *des Eritages*).

Le droit coutumier ne soumettait jamais au rapport dans les successions testamentaires (Bourjon, *Droit commun de France*, tit. XII, 2e partie, ch. 6, sect. i, n° 1).

Quoiqu'à vrai dire il soit impossible de classer d'une façon exacte et rigoureuse nos anciennes coutumes au point de vue qui nous occupe, précisément à cause des diversités innombrables dont se plaignait Lebrun, on peut cependant les diviser en trois classes.

1° *Les Coutumes qui rejettent le Rapport.* — Ce sont celles de la gouvernance de Douai (tit. II, art. 16), d'Artois (art. 148), de Valenciennes (art. 105) et enfin de Hainaut, ainsi que le déclare un arrêt du Parlement de Flandre du 31 janvier 1764.

2° *Les Coutumes qui n'admettent le rapport qu'avec certaines modifications.* — Ces dernières coutumes se divisent en trois espèces : les premières ne soumettent pas au rapport les donations faites en faveur du mariage ; telle est, par exemple, la coutume de Chauny (art. 19). Les secondes n'y assujettissent que les donations en faveur du mariage ; c'est dans cette catégorie qu'il faut ranger les coutumes de la Châtellenie de Lille (ch. I, art. 18 et 20), de l'Echevinage de Douai (ch. I, art. 5), et d'Orchies (ch. I, art. 4). Les troisièmes, sans considérer la nature des donations en elles-mêmes, les soumettent ou les dispensent du rapport suivant l'état dans lequel se trouvent les donataires au moment de l'ouverture de la succession. Cette catégorie comprend les coutumes de Cambrésis (tit. XXII, art. 17), d'Amiens (art. 92 et 95), et de Ribemont (art. 78). Elles décident que, si parmi les cohéritiers enfants du défunt il s'en trouve qui ne soient pas mariés à l'époque de l'ouverture de la succession, les autres seront soumis au rapport des avantages par eux reçus en mariage ; que si, au contraire, ils sont tous mariés à cette époque, aucun rapport ne doit avoir lieu, lors même que les parts de chacun d'eux seraient inégales.

3° *Les Coutumes qui admettent le Rapport.* — Ces dernières coutumes se subdivisent en trois classes. Dans la première se rangent les Coutumes dites d'*égalité parfaite,* qui ne reconnaissent aucune dispense de rapport malgré une clause contraire émanée du *de cujus,* et alors même que l'héritier répudierait la succession. Telles sont les coutumes d'Anjou (art. 200 et 334), du Maine (art. 346), de Touraine (art. 309), de Dunois (art. 64), de Lodunois (ch. XXIX, art. 12). Ce sont celles qui, d'après Pothier, ont le plus fidèlement conservé les traditions de l'ancien droit coutumier.

La deuxième classe comprend les coutumes de *simple égalité* : ces coutumes, sans permettre à l'auteur de la disposition de dispenser du rapport, donnent le droit à l'héritier de s'y soustraire en renonçant à la succession ; elles étaient les plus nombreuses et c'est dans cette catégorie qu'il faut placer les coutumes de Paris et d'Orléans.

Dans la troisième classe on range les coutumes de *préciput*. Ces coutumes dispensaient de l'obligation de rapport celui qui avait renoncé à la succession et permettaient en même temps à l'auteur de l'en affranchir par une dispense émanée de sa part. Coutumes de Nivernais (ch. XXVII, art. 11), de Berry (tit. XIX, art. 42), de Bourbonnais (art. 368).

Droit intermédiaire.

La loi du 17 nivôse, an II, dans ses art. 8 et 9, sanctionna les principes admis dans les coutumes d'égalité parfaite, en ordonnant le rapport « dans les successions des
« pères, mères, ou autres ascendants, et des parents colla-
« téraux, qui s'ouvriraient à l'avenir ; » l'art. 8 alla même
plus loin : « Les enfants, descendants et collatéraux, dit-
« il, ne pourront prendre part aux successions de leurs
« pères, mères, ascendants et autres parents, sans rap-
« porter les donations qui leur ont été faites par ceux-ci
« antérieurement au 14 juillet 1789, sans préjudice toute-
« fois de l'exécution des coutumes rappelées ci-après qui
« assujettisent les donataires à rapporter, même dans le
« cas où les donataires renoncent à la succession des do-
« nateurs. » Cette rétroactivité de la loi du 17 nivôse an II
fut supprimée par la loi du 9 fructidor an III et par celle
du 4 vendémiaire an IV. Ainsi donc incompatibilité absolue,
sous l'empire de ces lois, des qualités d'héritier et de donataire.

La loi du 4 germinal an VIII abrogea cette incompatibilité par son art. 5. « Les libéralités, y est-il dit, autorisées
« par la présente loi pourront être faites au profit des
« enfants ou autres successibles du déposant, sans qu'ils
« soient sujets à rapport. » Une controverse s'est élevée
sur ces derniers mots *sans qu'ils soient sujets à rapport.*

Était-ce là une dispense légale, de telle sorte que les héritiers donataires n'auraient été soumis au rapport qu'autant que le disposant leur aurait imposé cette obligation? Ou bien l'art. 5 permettait-il seulement à l'auteur de la disposition de dispenser du rapport le donataire par une manifestation de sa volonté? C'est cette dernière opinion qui a été généralement admise malgré une décision contraire de la cour de Riom dans un arrêt du 21 juin 1809 (Grenier, *Traité des Donations*, part. IV, ch. I, sect. I, n° 476. — Chabot, *Questions transitoires*, t. II, p. 191. — Du Caurroy, Bonnier et Roustaing, t. II, n° 688, note 7).

Le Code Napoléon en se conformant au principe de la loi de l'an VIII pour la dispense et l'obligation de rapport consacra la doctrine des coutumes de Préciput, doctrine déjà adoptée par Justinien.

Ainsi donc, égalité entre les héritiers, mais aussi faculté pour le disposant d'avantager l'un ou l'autre d'entre eux selon sa volonté, voilà le système auquel le législateur du Code civil s'est tenu, système qui nous paraît aussi le plus conforme à l'équité, car il donne au père « le droit si pré- « cieux de récompenser ou de punir, et de réparer les dif- « férences grandes parfois qui existent entre les enfants, « soit par des causes naturelles telles que la santé, la cons- « titution physique et les aptitudes intellectuelles, soit par « des causes accidentelles, telles que des malheurs immé- « rités » (Demolombe, t. IV, § 162). Aussi est-ce la raison pour laquelle ils ont rejeté les principes des coutumes d'égalité parfaite.

La matière que nous avons à traiter fait l'objet de la section ii du chapitre VI du titre des successions (liv. III, tit. I, Cod. Nap.) Ce titre, adopté par le Corps législatif le 19 avril 1803, a été promulgué le 29 du même mois (29 germinal, — 9 floréal an xi).

Nous diviserons notre sujet en sept chapitres. Dans le premier, nous donnerons la notion du rapport ; dans le deuxième, nous verrons quelles sont les personnes soumises au rapport ; dans le troisième, quelles sont les personnes qui profitent du rapport ; dans le quatrième, nous traite-rons des avantages qui y sont sujets ; dans le cinquième, nous verrons quels sont les avantages qui n'y sont pas soumis ; le sixième comprendra les dispenses de rapport, et enfin, dans le septième, nous examinerons comment il s'effectue.

CHAPITRE PREMIER

Notion du rapport.

Dans son sens propre et restreint, le mot Rapport veut dire la remise effectuée dans la succession des objets donnés par le disposant au profit de ses héritiers *ab intestat*. Quant aux legs, il ne peut être question de rapport proprement dit ; on ne peut pas remettre dans la masse partageable des biens que l'on n'a pas reçus, qui n'en sont pas sortis. Ainsi donc l'héritier ne rapporte pas les biens légués, il ne les prend pas, il les laisse dans la succession.

Les rédacteurs du Code ont parfaitement bien saisi cette différence entre les legs et les donations, mais ils n'ont pas cru nécessaire d'y conformer l'emploi de leurs termes, ils se sont bornés à indiquer seulement cette distinction qui ressort parfaitement de la disposition de l'art. 843. « Tout héritier, y est-il dit, doit *rapporter* ce qu'il a reçu « par *donations* entre-vifs…. Il ne peut *réclamer* les legs « à lui faits par le défunt…. » Ils ont préféré sacrifier l'exactitude des mots à la brièveté du langage.

La loi a donc employé le mot rapport pour désigner tout à la fois la *remise* que fait chaque héritier dans la masse partageable des biens que lui a donnés le défunt, et la *maintenue* dans la même masse des biens légués.

Comme nous l'avons déjà dit, le fondement sur lequel repose l'idée du rapport est le désir de la loi de maintenir l'égalité entre les héritiers, et, d'un autre côté, la volonté présumée du défunt de ne pas déroger à cette égalité en faisant une libéralité à l'un de ses héritiers. Cette présomption est très-exacte en ce qui concerne les donations, car l'obligation de rapport ne détruit pas tous les effets de la donation ; le donataire en a joui, en a tiré les revenus pendant un temps plus ou moins long, il est donc tout naturel de supposer que le disposant n'a voulu accorder à son héritier que le droit de jouir, jusqu'au jour où il les recueillera définitivement, les biens qu'il lui a donnés et qu'il a entendu ne lui faire qu'un avancement d'hoirie. En est-il autrement ? au donateur à s'en expliquer, en accompagnant la donation d'une clause expresse de préciput.

Quant aux legs, il est difficile d'en comprendre l'application. Une personne, par exemple, laisse une somme de 100,000 francs, deux enfants et lègue à l'un d'eux la somme de 10,000 francs; dans ce cas, il est bien clair, bien évident qu'elle a voulu lui conférer un avantage outre le droit de recueillir sa part héréditaire, qu'elle a voulu lui faire un legs par préciput. La présomption sur laquelle se sont basés les législateurs du Code, vraie pour la donation, est donc complétement fausse pour le legs, et l'intention du testateur méconnue. Il est probable que ces législateurs, en rédigeant l'art 843, avaient en vue l'ancien principe de l'incompatibilité des qualités d'héritier et de légataire ; du moins est-ce la seule manière d'expliquer raisonnablement une règle aussi inconséquente.

Le Code qualifie encore de rapport le remboursement à la masse héréditaire des sommes que les héritiers peuvent chacun devoir soit à l'héridité, soit au défunt, et que l'on ne peut faire rentrer dans la catégorie des avantages proprement dits. Sous certains points de vue il peut y avoir ressemblance entre ces deux faits : ainsi, par exemple, les sommes dues au défunt, quoique non productives d'intérêts, d'après le titre constitutif de la créance, en produiraient cependant du jour de l'ouverture de la succession (art. 856). Ainsi encore les créances du défunt sur les héritiers deviennent exigibles du jour de l'ouverture de la succession quoique le terme ne soit pas encore arrivé à cette époque. Enfin le remboursement des sommes dues par l'un des héritiers à la succession s'opère conformément aux règles posées par l'art. 869. Cependant, à d'autres égards, il y a là beaucoup moins un rapport qu'un paiement, qu'une exécution d'une obligation commune, et la preuve que ce n'est pas un véritable rapport, c'est que la loi dispense de rapporter les legs et donations l'héritier qui renonce à la succession, et jamais le débiteur d'une dette ne peut éviter par aucun moyen le paiement de ce qu'il doit au défunt (art. 845). Autre différence : le rapport n'est dû que par le cohéritier à son cohéritier, tandis que le paiement d'une somme due au défunt peut être réclamée non-seulement par les cohéritiers, mais encore par les créanciers héréditaires et par les légataires.

4 S.

Il faut bien se garder de confondre le rapport avec la *réduction* dont il est parlé aux art. 920 et suivants. Des différences considérables sont à noter entre ces deux matières. Mais nous nous bornerons à en indiquer les principales :

1° Le rapport a pour but de maintenir l'égalité entre les héritiers ; la réduction, d'assurer à certains parents privilégiés une portion du patrimoine qu'on appelle la réserve, portion que le défunt ne peut leur enlever. De là les différences entre les héritiers qui peuvent exiger le rapport et ceux qui peuvent demander la réduction ;

2° On peut être dispensé du rapport par une clause de préciput, on ne peut jamais l'être de la réduction (article 843 et 920) ;

3° Le rapport est de droit commun et peut être exigé par tous les héritiers *ab intestat* ; la réduction, au contraire, n'est qu'une faveur spéciale et qui ne compète qu'à certains héritiers privilégiés (art. 843 et 921) ;

4° La libéralité sans clause de préciput faite à un successible est rapportable quelque faible qu'elle soit : la réduction, au contraire, est restreinte dans de certaines limites (art. 920 et suivants) ;

5° On peut éviter le rapport en renonçant à la succession ; ce qu'on ne peut jamais faire lorsqu'il s'agit de réduction (art. 845-920) ;

6° D'autres différences existent encore sur la manière dont sont évalués les meubles et les immeubles (art. 860 et 928), et sur le mode de calcul auquel sont soumis les fruits en matière de rapport et de réduction (art. 856 et 928), etc., etc.

Dans certains cas, le législateur a encore qualifié de rapport ce qui n'est qu'une véritable réduction ; probablement à raison de l'affinité qui existe, dans ces hypothèses, entre ces deux matières (art. 844, 866 et 918). Dans tous ces cas, en effet, l'obligation existe de co-héritier à co-héritier.

Il est donc bien entendu que nous nous servirons dorénavant du mot rapport pour désigner exclusivement *la remise dans la masse héréditaire des biens donnés par le défunt à l'un de ses héritiers et la maintenue dans cette même masse des biens qu'il leur a légués.*

Ainsi donc la loi ne défend pas au testateur de déroger à la règle du rapport, elle lui permet de donner ou de léguer à l'un de ses héritiers, qu'il affectionne plus qu'un autre, certains avantages qu'il refusera à un co-héritier de son successible si telle est son intention formelle, sinon l'héritier donataire ou légataire ne pourra pas exciper de sa double qualité pour réclamer sa donation ou son legs en même temps que sa part dans la succession. Il n'a qu'un moyen de conserver la donation ou le legs, c'est de renoncer à la succession.

CHAPITRE II

Des personnes soumises au rapport.

Trois conditions sont nécessaires pour qu'une personne soit soumise au rapport. Il faut :

1° Etre héritier ;

2° Etre donataire ou légataire du défunt ;

3° Ne pas renoncer à la succession.

Ainsi donc la première condition exige que l'on soit héritier. Tout héritier, dit l'art. 843, c'est-à-dire l'héritier bénéficiaire, qu'il ait fait ou non l'abandon des biens de la succession aux termes de l'art. 802, comme l'héritier pur et simple, en ligne directe ou collatérale, descendante ou ascendante. Il n'y a également pas à distinguer si les co-héritiers appartiennent ou non à la même catégorie de parenté. Ainsi, le rapport est dû par l'héritier de la ligne paternelle à tous ses co-héritiers tant de la ligne paternelle que de la ligne maternelle. Ainsi encore les ascendants, en concours avec les collatéraux, se doivent mutuellement le rapport. Il n'y a aucune distinction à faire entre les lignes.

La règle admise par le Code Napoléon, comme nous l'avons dit plus haut, est beaucoup plus rigoureuse que le droit romain et la plupart des coutumes. Le droit romain n'exigeait le rapport que dans la ligne directe descendante. D'après les coutumes, les ascendants et les collatéraux étaient dispensés du rapport des donations entre-vifs, quoique privés du droit de réclamer les legs qui leur avaient été faits.

Il importe encore peu qu'il ait été ou non héritier présomptif du disposant au moment de la donation ou de la confection du testament ; par cela seul qu'il se trouve être héritier *ab intestat* en même temps que donataire ou légataire, il est soumis à la loi du rapport. Une personne, par exemple, qui a un fils, fait une donation en faveur de l'un de ses frères : le fils meurt, les frères du défunt seront appelés à sa succession ; mais le frère primitivement avantagé devra rapporter la donation qui avait été faite à son profit, quoiqu'il n'ait pas été héritier présomptif du défunt au moment de la donation (art. 846). On suppose que le disposant ne l'eût pas avantagé, s'il eût pensé qu'il viendrait au partage de sa succession. Cet article ne parle, il est vrai, que des donataires, mais il est évident que la même règle doit s'appliquer aux légataires, *eadem est ratio*.

L'art. 843 comprend, sous la dénomination d'héritiers, ceux-là seuls qui sont appelés par la loi à la succession *ab intestat*. Ceux, au contraire, qui recueillent les biens en vertu de la volonté de l'homme, c'est-à-dire les donataires et les légataires, n'y sont pas compris, ce ne sont pas des héritiers dans le sens propre du mot (art. 757).

Il faut donc en conclure que l'on ne saurait imposer le

rapport à des donataires ou à des légataires universels ou à titre universel, soit qu'ils concourent entre eux, soit qu'ils viennent à la succession avec des héritiers *ab intestat* (art. 857 cbn. 843). Ainsi, par exemple, une personne, qui a un fils, a légué à Pierre le quart des biens qu'elle laissera à sa mort, ou bien un objet particulier. Dans cette hypothèse, le fils du disposant ne pourra réclamer aucun rapport à Pierre.

Le rapport est-il dû à l'enfant naturel par les héritiers légitimes et réciproquement? Cette question a été vivement controversée par les jurisconsultes. Les uns prétendent que les enfants ne sont pas soumis au rapport, mais qu'ils doivent imputer, sur ce qu'ils ont le droit de réclamer, tout ce qu'ils tiennent du défunt (art. 760). Selon Marcadé (sur l'art. 760) et Toullier (II, 258), il y a une grande différence à faire entre l'imputation et le rapport : le rapport se fait d'après la valeur de l'immeuble au moment de l'ouverture de la succession, et l'imputation d'après sa valeur au moment de la disposition. Pour mettre en lumière cette différence ils nous proposent l'exemple suivant : Le défunt a donné à l'un de ses enfants légitimes et à son enfant naturel, chacun une maison valant 20,000 fr. Au jour de l'ouverture de la succession les deux maisons ont diminué de 5,000 fr.; dans ce cas, l'enfant légitime devra rapporter sa maison en nature ou sa valeur à cette époque, c'est-à-dire 15,000 fr.; l'enfant naturel, au contraire, imputera sur ses droits la somme de 20,000 fr. quoique la valeur de son bien ne soit que de

15,000 fr. Que si, au lieu d'avoir diminué, leurs maisons avaient augmenté de valeur, la position de l'enfant naturel deviendrait plus favorable que celle de l'enfant légitime.

Les mêmes auteurs exigent l'imputation, même en cas de perte de la chose avant l'ouverture de la succession, ce qui n'a pas lieu pour le rapport (Marcadé, *loc. cit.*)

M. Demolombe n'est pas de l'avis des auteurs précités, et nous pensons avec lui que l'on ne doit pas s'attacher trop à la lettre de l'art. 760. La loi, dans l'art 843, comprend par ces mots *tout héritier* tout successeur appelé par elle à la succession *ab intestat*, tous ceux qui tirent leur vocation d'elle. Le but du rapport, en effet, est l'égalité et l'équité ; le législateur n'a pas voulu que ses successibles réunissent la double qualité de donataire ou légataire avec celle d'héritier, motifs qui sont tout à fait indépendants de la parenté entre le défunt et son successible, et qui concernent les successeurs irréguliers tout comme les successeurs réguliers. « Rien ne serait, en effet, plus inégal et plus aléatoire, ajoute M. Demolombe : et il en résulterait presque toujours que l'enfant naturel aurait tantôt plus, tantôt moins qu'il ne devrait avoir, suivant que l'immeuble à lui donné aurait augmenté ou diminué de valeur dans l'intervalle de la donation à l'ouverture de la succession. Et ces chances diverses produiraient souvent aussi les plus étranges disproportions entre sa position et celle des héritiers légitimes. Aussi d'autres partisans de ce système d'imputation en

ont-ils confessé franchement l'injustice et l'incohérence. »
(Demolombe, t. II, n° 99. — Chabot, art. 760, n° 1.)

Nos savants maîtres, MM. Aubry et Rau, sont du même avis ; ils pensent « qu'en substituant le terme *imputer* aux expressions *rapporter en moins prenant*, les rédacteurs du Code paraissent n'avoir eu d'autre but que de mettre la rédaction de l'art. 760 en harmonie avec celle des art. 765 et 857. Mais, au fond, disent-ils, il n'existe aucune différence réelle entre l'imputation et le rapport en moins prenant ; aussi les mêmes règles leur sont-elles applicables en général. » (Aubry et Rau, V, pages 370, 371 et 372.)

La jurisprudence a d'ailleurs complétement adopté l'opinion suivant laquelle les termes imputation et rapport sont synonymes (Cass. 28 juin 1831. Cass. 16 juin 1847. Agen, 29 novembre 1847).

Les auteurs qui soutiennent que l'enfant naturel n'est pas soumis au rapport et ne peut le réclamer, nous objectent encore l'art. 857. Mais cet argument n'est rien moins que concluant ; il ne faut pas prendre le mot co-héritier dans un sens restreint. La seconde disposition de cet article, dans lequel il n'est question que des légataires et des créanciers, sans qu'il soit fait mention des enfants naturels, nous en fait connaître la véritable portée.

Il y a cependant une différence, dans le rapport, suivant que c'est l'enfant naturel qui l'exige ou qu'il est exigé de lui. Dans le premier cas, il peut demander aux héritiers légitimes le rapport soit en nature, soit en moins prenant suivant les distinctions que nous verrons dans un chapitre subséquent.

Dans le second, l'enfant naturel, qui doit le rapport, est tenu d'imputer ce qu'il a reçu sur ce qu'il a le droit de prétendre, ce qui n'est que le rapport en moins prenant. Cette différence s'explique par la raison que l'enfant naturel n'a, en général, d'autres ressources que celles qu'il reçoit du vivant de ses père ou mère et ne recueille le plus souvent qu'une faible portion de ce à quoi il avait droit. Il y avait donc là une raison majeure de lui conserver la propriété irrévocable des biens reçus par anticipation et de ne le soumettre qu'à l'imputation de la valeur de ses biens.

Par analogie, les parents naturels se doivent le rapport entre eux quoiqu'ils ne soient que des successeurs irréguliers. Car le rapport est un incident du partage, et il a lieu entre les co-partageants, qu'ils soient ou non héritiers légitimes. C'est ainsi, par exemple, que les art. 786, 816, 817, 819 et 826 etc. emploient les mots *héritiers, co-héritiers*, comme synonymes de *successibles*, *co-partageants* et sont applicables tant aux héritiers proprement dits qu'aux successeurs irréguliers.

Quand la succession est déférée au conjoint survivant (art. 767) ou à l'Etat (art. 768), il ne peut, il est vrai, être question de rapport, puisqu'il n'y a pas de partage, le conjoint survivant et l'Etat n'ayant jamais de cohéritiers.

Nous savons déjà que le donataire ou le légataire, qui

est en même temps successible du disposant, peut se dispenser de l'obligation de rapporter les biens à lui donnés ou légués en renonçant à sa succession. Il conservera dans la limite de la quotité disponible toutefois ces mêmes biens qu'il n'aurait pas le droit de garder en acceptant la succession. Solution conforme à la logique, puisque l'héritier renonçant n'est plus héritier, n'est plus appelé à la succession et ne contribue plus au partage, l'obligation de rapport n'existant qu'entre cohéritiers. L'héritier qui renonce est donc dans la même situation que celui qui reçoit une libéralité dispensée de rapport par le disposant. En cas de dispense, le fondement de cette solution est la volonté formelle du *de cujus*; en cas de renonciation, l'idée sur laquelle elle repose n'est plus la même, elle a pour base la défense de cumuler le don avec la part héréditaire. Cette dernière idée est encore la même lorsque le disposant a formellement déclaré ne faire un don qu'en avancement d'hoirie; c'est ce qui a fait que l'art. 845 ne distingue pas entre les hypothèses où la donation est dite faite en avancement d'hoirie et celles qui ne sont pas accompagnées de cette déclaration. L'expression en avancement d'hoirie ne doit pas être prise à la lettre, elle n'en fait pas une donation anormale, comme le dit Marcadé (sur l'art. 919, n° 4), car le Code ne connaît que deux espèces de donation, à ce point de vue, celles qui sont faites avec dispense expresse de rapport; toutes les autres sont soumises au rapport.

L'art. 845 est également applicable à l'héritier qui est

exclu de la succession comme indigne et à l'hypothèse où le successible donataire est mort avant l'ouverture de la succession sans laisser d'enfants. Les auteurs du Code ont eu certainement en vue toutes les causes qui empêchent le successible de venir à la succession : par renonciation, indignité, ou prédécès peu importe (Demolombe, t. IV, § 264).

CHAPITRE III

§ 1ᵉʳ.

A QUELLE SUCCESSION SE FAIT LE RAPPORT

Le rapport se fait toujours à la succession du donateur, dit l'art. 850. De ce principe découlent les conséquences suivantes : lorsqu'un héritier vient à la succession d'une personne, de son aïeul, par exemple, de son chef ou par représentation il devra le rapport des avantages que lui a faits le défunt ; car ce n'est que dans cette succession que l'égalité a été rompue, et, aux termes de l'article 843, tout héritier venant à la succession doit rapporter à ses cohéritiers tout ce qu'il a reçu du défunt par donations entre-vifs. Au contraire, il ne devrait pas à la succession de son père le rapport des dons qu'il tient de son grandpère, ni à la succession de sa mère ceux qu'il tient de son père et réciproquement. Pour résoudre les diverses questions qui peuvent se présenter à ce sujet, il faut donc avant tout rechercher quel est le donateur. Or, le donateur, c'est l'auteur même de la disposition, c'est-à-dire celui qui a figuré, « qui a parlé dans l'acte », selon l'expression pittoresque de M. Demolombe (t. IV, § 267).

C'est surtout dans la matière des contrats de mariage

que cette question peut présenter des difficultés. Mais, comme elle rentre plutôt dans le domaine du contrat de mariage et des droits respectifs des époux (art. 1438 et suivants et 1544), nous n'examinerons ici que le côté qui se rattache directement à l'art. 850.

Lorsque l'un des époux a doté seul l'enfant commun, c'est à sa succession que doit se faire le rapport ; si la dot a été constituée par les deux époux conjointement, sans préciser la part contributoire de chacun, le rapport de la dot se fera par moitié à chacune de l'un d'eux, lors même qu'elle aurait été fournie avec les biens personnels de l'un des époux (art. 1438, 1544). Si les époux avaient doté l'enfant par portions inégales, le rapport se ferait à chacune de leur succession proportionnellement à la part pour laquelle ils y ont contribué.

Le mari, en constituant seul une dot pour droits paternels et maternels à un enfant commun, ne peut obliger sa femme (art. 1544), mais, dans cette hypothèse, sous le régime de la communauté, la dot, constituée avec des effets de la communauté, sera la charge de cette communauté ; et si la femme vient à l'accepter, elle devrait supporter la moitié de la dot, qui dès lors serait rapportable par moitié, jusqu'à concurrence de son émolument toutefois s'il a été fait inventaire (art. 1439 et 1483). La femme renonce-t-elle à la communauté, la dot sera rapportée pour le tout à la succession du mari (art. 1494).

Si la constitution dotale est faite par les père et mère conjointement, en biens de la communauté, la mère, qu'elle accepte ou renonce, sera tenue pour moitié de la dot, et l'enfant, par conséquent, fera le rapport pour moitié à chacune des deux successions (art. 1438).

L'obligation de rapport devient exigible au jour de l'ouverture de la succession à laquelle il est dû.

§ II

QUELLES PERSONNES SONT EN DROIT DE L'EXIGER

Le rapport, dit l'art. 857, n'est dû que par le cohéritier à son cohéritier; il n'est pas dû aux légataires ni aux créanciers de la succession.

Le mot *cohéritier*, dans l'art. 857, est pris dans la même acception que celui d'*héritier*, dans l'art. 843, dont nous avons déjà fait connaître le sens; il ne concerne, répétons-le, que ceux qui viennent à la succession *ab intestat*, en vertu de la vocation de la loi. L'héritier bénéficiaire, comme l'héritier pur et simple, comme les successeurs irréguliers, l'héritier en ligne directe comme en ligne collatérale sont habiles à demander le rapport (art. 843). On a voulu soutenir l'opinion contraire relativement aux héritiers de la ligne collatérale; on s'est appuyé sur la deuxième partie de l'art. 918, qui interdit aux successibles collatéraux de demander le rapport à la masse héréditaire de l'excédant de la portion disponible des biens aliénés par le défunt à l'un de ses successibles en ligne directe, soit à charge de rente viagère, soit à fonds perdu, ou avec réserve d'usufruit. Mais ce cas n'est qu'une exception et *exceptio est semper strictissimæ interpretationis*. Remarquons que la jurisprudence est également d'accord avec cette interprétation (Cass., 5 mai 1812; Sir. 13, 1, 17; Bruxelles, 30 mai 1812; Sir. 13, 2, 46).

Le rapport est dû individuellement par chaque héritier à chacun des cohéritiers individuellement, *singuli a singulis*. Il n'est dû, non point par la ligne ou la souche, mais par l'héritier qui le doit à son cohéritier, c'est-à-dire à chacun de ses cohéritiers individuellement (Aubry et Rau, t. V, p. 307; Demolombe, t. IV, p. 319).

Pour avoir le droit de demander le rapport, il faut venir à la succession en qualité d'héritier *ab intestat* (Arg., art. 857). Il en résulte que ceux qui renoncent à la succession, de même que ceux qui en sont exclus pour cause d'indignité, où qui en sont écartés par les dispositions à titre gratuit faites par le *de cujus*, n'y ont pas droit (Demolombe, IV, § 280).

Il résulte également de ce principe que les étrangers non successibles, c'est-à-dire les créanciers du défunt, les donataires ou légataires même universels ne peuvent demander le rapport, ni en profiter quand il est fait. La raison en est que les créanciers et légataires du défunt n'ont de droits que sur ses biens; or les biens donnés à l'héritier ne sont plus biens du défunt; et, lorsqu'ils sont rapportés à la succession, ils ne le sont que relativement aux héritiers (Aubry et Rau, V, § 630; Marcadé, art. 857).

Cependant il en est autrement pour les créanciers personnels de l'héritier. Le droit de demander le rapport forme pour chaque héritier un droit qui fait partie de son patrimoine ; or, tous ses biens, d'après l'art. 2093, sont le gage de ses créanciers ; et l'art. 1166, qui en est la conséquence, accorde aux créanciers, pour l'acquit de leurs créances, la faculté d'exercer les droits du débiteur. Les créanciers personnels de chaque héritier pourront donc exiger le rapport, au nom de leur débiteur, et en profiter lorsqu'il aura été fait ; et, comme l'effet de l'acceptation pure et simple de la succession par l'héritier a pour conséquence de confondre les deux patrimoines, de faire de l'héritier le continuateur de la personne du défunt et de rendre les dettes de ce dernier ses dettes personnelles, il en résultera que les créanciers de la succession deviendront également ses créanciers personnels et auront ainsi le droit d'exiger le rapport et d'en profiter quand il aura été fait.

Mais alors que deviendra la règle de l'art. 857 ?

La réponse est facile : elle recevra son application toutes les fois que les créanciers n'agiront pas en qualité de créanciers personnels de l'héritier ; c'est ce qui arrive :

1° *Quand la succession a été acceptée sous bénéfice d'inventaire.* L'héritier ne devenant pas débiteur personnel des créanciers, ils n'ont aucune action sur ses biens personnels ; les biens du défunt seront seuls leur gage ; il en résulte qu'ils n'auront aucun droit sur les biens donnés par le défunt de son vivant à son successible, héritier bénéficiaire, car ils ne figurent plus dans le patrimoine du défunt, mais composent le patrimoine personnel de l'héritier ;

2° Lorsque la succession ayant été acceptée purement et simplement, les créanciers demandent la séparation du patrimoine du défunt d'avec celui des héritiers (art. 878). Ils agissent alors comme créanciers du défunt, et c'est en cette qualité qu'ils ont le droit d'être payés, mais seulement sur son patrimoine, par préférence aux créanciers des héritiers.

Le rapport des biens donnés entre-vifs à l'héritier ne leur sera pas dû, car ils sont sortis du patrimoine du défunt et ils n'ont aucun droit de préférence sur celui de l'héritier.

Le principe que le rapport des donations n'est pas dû aux créanciers de la succession repose sur cette idée que leur débiteur ne pouvant les révoquer, hormis le cas de l'art. 1166 et celui où ils ont hypothèque sur l'objet donné, ses créanciers ne peuvent avoir plus de droits que lui.

En ce qui concerne les légataires, il est de toute évidence qu'ils ne peuvent demander le rapport des donations entre-vifs, qui sont irrévocables.

De même que le rapport ne peut être demandé par les créanciers de la succession, de même il ne peut leur profiter une fois qu'il est effectué ; d'où il résulte que l'héritier bénéficiaire, qui est en même temps créancier de la succession et soumis au rapport, ne peut être forcé d'imputer sa créance sur les biens dont il doit le rapport, ni sur ceux dont le rapport lui est dû ; s'il en était autrement, les créanciers profiteraient indirectement du rapport.

Nous venons de voir comment s'applique la règle que le rapport ne peut être demandé par les créanciers. Nous allons examiner maintenant, relativement aux légataires, l'application de la règle que le rapport n'est pas dû aux légataires.

Cette règle signifie que les héritiers ne peuvent réclamer les legs à eux faits par le défunt. Le rapport ne leur serait pas dû alors même qu'il s'agirait de légataires universels en face d'autres légataires universels, car il n'y a que les cohéritiers qui y soient soumis et « l'effet du « *non-rapport* vis-à-vis des autres légataires, si j'osais « m'exprimer ainsi, dit M. Demolombe, consistera en « ce que l'héritier pourra réclamer le legs à lui fait. » Mais alors que deviendra le legs de l'héritier ? Il subira la réduction au marc le franc comme tous les autres, et la part ou le dividende qu'il recueillera tombera dans la masse partageable puisqu'il en doit le rapport à ses cohéritiers (Demol. IV, § 288).

De la règle que le rapport n'était pas dû aux légataires Pothier tirait la conclusion suivante : « Si un père, qui a « deux enfants, à l'un desquels il a fait une donation « entre-vifs, fait un tiers étranger légataire du tiers de « ses biens, ce légataire ne pourra prétendre aucune part « dans le rapport des biens donnés entre-vifs à l'un des « enfants, et n'aura que le tiers des biens qui se sont

« trouvés lors de son décès. |» (Pothier, *Des Success.*, ch. IV, art. 2, § 6.)

Ainsi donc, lorsqu'un legs ne dépasse pas ou est égal à la quotité disponible, à moins d'une volonté contraire de la part du défunt, la consistance de ce legs se calculera sur les biens existant dans l'hérédité au moment du décès, sans avoir égard aux biens donnés entre-vifs et rapportés à la masse dans l'intérêt des cohéritiers. Ce sera une question de fait plutôt qu'une question de droit basée sur l'intention du testateur ; ainsi, par exemple, si le testateur avait dit : Je lègue le quart de mes biens, y compris ceux dont j'ai disposé entre-vifs, les héritiers *ab intestat* ne pourraient pas s'appuyer sur l'art. 857 et faire restreindre le legs au quart des biens existant dans l'hérédité. Si, au contraire, il avait dit : Je lègue le quart des biens que je laisserai à mon décès, le légataire ne pourrait pas invoquer l'art. 922 et étendre le legs au quart des biens donnés entre-vifs. S'il s'est borné à dire qu'il lègue le quart de ses biens, sans autre indication, le juge devra, pour trancher la difficulté, s'en rapporter à l'intention présumée du défunt (Aubry et Rau, V, § 630, note 8).

La solution devrait être encore la même lorsque le legs a été fait à un successible qui voudrait exercer sur la succession des droits qu'il ne tient pas de sa qualité d'héritier *ab intestat*. En effet, un héritier qui a reçu des biens dont la somme est égale ou inférieure à la quotité disponible, ne peut pas, comme légataire, se prévaloir du rapport des donations entre-vifs qui lui aurait été effectué comme héritier *ab intestat*, et faire porter son legs sur les biens ainsi retournés à la succession. Ses deux qualités d'héritier et de légataire s'excluant l'une l'autre ne peuvent se confondre et doivent être soumises chacune à ses règles particulières (Aubry et Rau, *loc, cit.* — *Civ. rej.*, 30 décembre 1816, Sir., 17, 1, 153. — Civ. Cass., 27 mars 1822, Sir., 22, 1, 231).

Mais si le défunt avait disposé en faveur d'un étranger ou d'un successible avec dispense de rapport d'une portion de biens supérieure à la quotité disponible, les héritiers à réserve, demandant la réduction de la libéralité à la quotité dont le défunt pouvait disposer, le calcul de cette quotité et la détermination exacte de la donation devraient se faire sur les bases de l'art. 922, c'est-à-dire réunir fictivement les biens dont il a disposé par donations entre-vifs à ceux existant au moment du décès du testateur (art. 928). Solution logique, car il ne s'agit pas d'une demande en rapport faite par les donataires ou légataires, mais d'une véritable demande en réduction formée par les héritiers à réserve et basée sur l'art. 922 qu'ils invoquent et dont ils ne peuvent scinder les dispositions.

Enfin la Cour de Cassation, par un revirement dans sa jurisprudence, décida, en chambres réunies, par le célèbre arrêt Saint-Arroman, 8 juillet 1826, que les biens donnés aux successibles en avancement d'hoirie doivent être réunis fictivement aux biens existants dans la succession, pour la détermination de la quotité disponible, et depuis elle a toujours persévéré dans la même opinion (Civ. Cass., 13 mai 1828, Sir., 28, 1, 201 ; — Civ. Cass., 19 août 1829, Sir., 30, 1, 101, etc. — Aubry et Rau, t. V, § 630).

CHAPITRE IV

§ Ier.

DES AVANTAGES SUJETS A RAPPORT

Les héritiers qui succèdent de leur chef sont, dans tous les cas, tenus de rapporter les dons et legs faits à eux personnellement. Les héritiers qui succèdent par représentation sont tenus de rapporter les biens reçus au même titre par la personne dont ils empruntent la personnalité. La raison en est que le représentant est soumis aux mêmes obligations que le représenté. Mais l'héritier ne devrait jamais le rapport des biens donnés ou légués à des personnes qu'il ne représente pas, quelque avantage qu'il en ait retiré.

Il résulte de ces principes les conséquences suivantes :

1° Lorsque la succession se partage entre deux lignes, que parmi les héritiers de l'une de ces lignes il y en a qui renoncent à la succession, les autres héritiers acceptants de cette ligne ne seront pas obligés de rapporter les dons ou legs faits aux héritiers renonçants quoiqu'il y ait profit pour eux (Grenier, *Des Donations*, II, 503. — Duranton, VI, 501 et VII, 249).

2° Les dons et legs faits au fils de celui qui se trouve

successible à l'époque de l'ouverture de la succession, ne sont pas soumis au rapport par son père, venant à la succession du donateur (art. 847).

3° De même, le fils qui vient de son chef à la succession du donateur, n'est pas tenu de rapporter le don fait à son père, quant même il aurait accepté la succession de celui-ci (art. 848, 1ʳᵉ partie).

4° Mais si le fils ne vient que par représentation, il doit rapporter ce qui avait été donné à son père, même dans le cas où il aurait répudié sa succession (art. 848, 2ᵉ partie).

Quant à l'héritier, venant par représentation, doit-il rapporter ce qu'il a reçu personnellement, directement du défunt? La question est controversée. Marcadé (sur l'art. 848) prétend que le rapport n'est pas dû parce que, dit-il, la représentation a pour but d'assurer aux représentants la même position qu'ils auraient eue si le représenté, leur père, avait survécu au défunt et leur eût ensuite transmis sa succession ; or, si ce dernier eût survécu, il n'aurait pas rapporté le don fait à ses enfants. Nous ne pensons pas que cette opinion soit la vraie, elle nous paraît tout à fait contraire aux termes des art. 843, 846 et 760. L'art. 843 ne distingue pas : tout héritier qui est à la fois héritier et donataire doit rapporter, peu importe en quelle qualité il succède : or, dans l'hypothèse actuelle, le représentant est héritier, il est en même temps donataire, il doit donc le rapport.

La même solution doit encore être adoptée dans le cas où des donations auraient été faites à des ascendants des degrés intermédiaires ; c'est-à-dire que l'arrière-petit-fils doit rapporter à la succession de son bisaïeul le don qui a été fait par celui-ci à son petit-fils, père du représentant (Dem., t. III, n° 184 bis ; Zacha, Aubry et Rau, t. V, § 631, note 4 ; Chabot, sur l'art. 760, n° 4 ; Duranton, VII, 230 ; — *Contra* Marcadé, art. 848, § II ; Ducaurroy, Bonnier et Roustaing, t. II, n° 704).

5° L'époux successible ne rapporte pas les dons et legs faits à son conjoint, alors même qu'il en aurait tiré un certain profit. Si les dons et legs sont faits conjointement à deux époux, dont l'un seulement est le successible, celui-ci en rapportera la moitié ; si les dons ou legs sont faits à l'époux successible lui-même, il les rapportera en entier, quand bien même il n'en aurait tiré aucun avantage (art. 849). Nous verrons au chapitre suivant quel est le fondement des dispositions des art. 847 à 849.

§ II

DES LEGS

L'héritier ne peut réclamer les legs à lui faits par le défunt à moins qu'ils aient été faits par préciput (article 843), peu importe qu'ils soient universels, à titre universel ou particuliers, l'art. 843 ne distingue pas.

Mais ces termes de l'article précité : *il* (le légataire) *ne peut réclamer les legs à lui faits par le défunt...* que signi-gnifient-ils? Veulent-ils dire que les biens légués devront rentrer dans la masse à partager pour être répartis comme les autres biens? ou bien qu'ils seront placés dans la part de l'héritier légataire qui les conservera en les précomp-tant sur sa part héréditaire proportionnellement à leur valeur?

Ce dernier système, enseigné par M. Troplong, et le système intermédiaire de M. Demolombe, qui permet à l'héritier de demander que la chose à lui léguée soit comprise dans son lot et précomptée sur sa part hérédi-taire, dans le cas où le rapport peut se faire en moins prenant, et qu'il n'y sera pas, au contraire, fondé dans le cas où le rapport doit se faire en nature, s'écartent trop, à notre avis, du texte de l'art. 843 et en sont une inter-prétation trop large.

Nous nous rallions donc au premier système, qui est celui de MM. Aubry et Rau. D'après eux «l'obligation de rapport, en ce qui concerne les legs, a pour effet de neu-traliser complétement la disposition testamentaire, qui est à considérer comme non avenue. Le rapport des legs s'o-père en laissant dans la masse héréditaire les objets à rapporter, tout comme si la disposition testamentaire, qui renferme le legs, n'existait pas.»

Cette solution est parfaitement juridique, l'art. 843 dit, en effet, que l'héritier légataire ne peut réclamer les legs à lui fait sans dispense de rapport; or il pourrait les réclamer s'il les obtenait en les précomptant sur sa part;

ce qui serait absolument contraire au texte de cet article. Du reste, à quel titre ce successible pourrait-il réclamer une préférence? Son titre de légataire s'est évanoui, et lorsqu'il vient au partage de la succession, il n'est plus qu'un héritier.

Au surplus, que l'on ne dise pas que cette solution est en opposition avec l'intention du testateur, car ce dernier peut parfaitement, en faisant un legs à son héritier, lui donner l'option entre sa part héréditaire et son legs (Zach. Aubry et Rau, t. V, p. 333 ; Massé et Vergé, t. II, p. 409; Chabot, art. 843, n° 10 ; Duranton, t. VII, n° 214 ; Taulier, t. III, p. 312 ; — *Contra*, Demolombe, IV, § 303 ; Troplong, *Des donat. et testam.* t. II, n° 881).

§ III

DES DONATIONS

Dans ce paragraphe nous allons voir quels sont les avantages donnés entre-vifs dont le rapport est dû.

L'héritier doit rapporter tout ce qu'il a reçu soit directement, soit indirectement. On entend par avantages directs tous ceux qui ont été faits sans détours, directement à cette personne, *recta via*, ceux qui lui ont été adressés par une donation franchement caractérisée. Toutes les autres donations, à l'exception du don manuel, rentrent dans la classe des donations indirectes. Nous chercherons donc à établir dans le courant de ce chapitre contrairement à l'avis de plusieurs auteurs, que les donations faites avec interposition de personne ou qui se déguisent sous des contrats à titre onéreux rentrent dans la catégorie des donations indirectes.

L'héritier doit rapporter tous les biens meubles ou immeubles, corporels ou incorporels qu'il a reçus du défunt (art. 843). Mais encore faut-il qu'il les ait réellement reçus pour pouvoir en effectuer le rapport à la succession du donateur.

Ainsi, par exemple, un père promet à sa fille une dot qui n'a pas été touchée ni par elle, ni par son gendre ; elle ne sera évidemment pas tenue de la rapporter. Il en serait encore de même, si c'était par son propre fait que la dot n'eût pas été comptée, par exemple, par une renonciation de sa part ; dans cette hypothèse, aucun avantage ne pouvant rompre l'égalité entre les co-héritiers, ces derniers en exigeraient donc en vain le rapport. Telle était également l'opinion de Pothier pour des cas très-voisins de ceux que nous venons d'examiner : « La fille, dit-il, n'est exclue du droit de succéder, ni, par conséquent de demander sa part légitime, que lorqu'elle a reçue la dot qui lui a été constituée ; c'est pourquoi Lebrun décide fort bien, contre le sentiment de Papon, que si un père avait promis une dot exigible après sa mort, la fille ne serait pas exclue de la succession....; car ce n'est que la fille dotée qui est exclue ; et elle ne l'est pas, lorqu'elle n'a rien reçu. » (Pothier, *Des donat.*, Sect. iii, art. 5, § 1 ; Demolombe 4, § 308 ; Aubry et Rau V, § 631.)

La Cour de cassation, dans un arrêt du 25 juillet 1853, a décidé fort justement qu'une fille qui n'avait pas reçu la dot promise par son père ne pouvait en demander le paiement à sa succession, puisque, à ce moment, elle serait forcée de la rapporter.

Nous sommes également de l'avis de M. Demolombe, d'après lequel l'héritier doit rapporter tout ce qu'il a reçu du défunt, par exemple dans le cas où la fille aurait reçu deux fois la dot promise par son père (Demolombe, IV, § 311, — Cass. 13 avril 1842).

Ainsi donc toutes les donations par contrat de mariage, et surtout ces donations, sont rapportables ; car, presque toujours, elle ne sont faites qu'en avancement d'hoirie. L'art. 1090, qu'on pourrait invoquer en sens contraire, ne serait pas concluant ; il s'applique à la réserve et à la quotité disponible et nullement à la matière qui nous occupe (Aubry et Rau V, § 631, note 8 ; Demolombe, IV, § 323 ; Ricard n° 1075 ; Duranton t. VII, n° 302).

Le rapport serait dû encore que l'acte de donation fût irrégulier ou que le disposant fût incapable ; il suffit que l'héritier ait reçu (Duranton, n° 303).

Les donations rémunératoires sont-elles soumises au rapport ? Oui, certainement, le Code, en effet, soumet, sans distinction, toutes les donations à la nécessité du rapport ; au surplus, il les considère comme de véritables libéraralités puisqu'il les déclare révocables pour cause de sur-

venance d'enfants (art. 960). Les mêmes principes s'appliquent également à la donation onéreuse. Dans les deux
cas cependant elles ne devraient être rapportées que
jusqu'à concurrence de la libéralité qu'elles renferment ;
si donc la valeur de l'objet donné était égale ou inférieure
à la valeur des services ou à celle des charges, il est clair
qu'il n'y aurait pas donation, et, par conséquent, pas
de rapport (Aubry et Rau, V, § 631 ; Demolombe, IV, §§
319 à 321 ; Troplong, t. III, n° 1069 *Des donat. et test.*)

Le don manuel est-il dispensé du rapport? Il nous est
impossible d'en douter en présence des paroles si nettes
du tribun Jaubert : « Les dons manuels, disait-il, ne sont
susceptibles d'aucune forme ; il n'y a là d'autre règle que
la tradition, sauf néanmoins la réduction et le *rapport*,
dans les cas de droit » (Fenet, t. 12, p. 598 ; Merlin, *Questions de droit*, t. 9, rapp. à succ. § 2). Ensuite l'art. 843
n'est-il pas formel? N'exige-t-il pas que l'on rapporte tout
ce que l'on a reçu de la part du défunt? Cependant il faut,
pour que le rapport soit dû, que le don soit de quelque
importance, et que, par rapport à la fortune du défunt, il
y ait au moins diminution de son patrimoine (Demolombe,
IV, § 330 ; Aubry et Rau, V, § 332).

L'art. 851 soumet au rapport tout ce qui a été employé
pour l'établissement d'un des co-héritiers ou pour le paiement de ses dettes. Par frais d'établissement il faut entendre les sommes que le défunt a dépensées pour lui procurer un état, une profession, ainsi que les objets qu'il
lui aurait donnés comme en étant le complément, l'exten-

sion et la consolidation. Tel est, par exemple, un corps de bibliothèque donné par le père à l'un de ses enfants qui en aurait besoin comme avocat ou comme médecin ; tels sont encore les instruments ou outils nécessaires à sa profession ; et cependant la bibliothèque et les instruments, considérés en eux-mêmes, ne forment pas ce que l'on appelle, à proprement parler, un établissement ; il faudra également bien se garder de confondre les frais d'établissement avec les frais d'entretien et d'éducation, car ces derniers sont rapportables (Aubry et Rau, t. V, 631 ; Demolombe, IV, § 343 ; Duranton, t. VII, n° 311 ; § Pothier, *Des succes.*, ch. 4, art. 11, § 3).

Ainsi donc, les sommes rapportables sont celles qui ont servi à procurer immédiatement un établissement et non les dépenses faites pour préparer une profession. On doit, par conséquent faire rentrer dans la catégorie des frais d'établissement : l'achalandage d'un fonds de commerce, la clientèle d'un office quelconque ou l'exercice d'une profession, d'un art à l'aide duquel il est facile de pourvoir à ses besoins. Nous rangerons dans la même classe une dot, un fonds de commerce, les marchandises indispensables à la création d'un commerce, une part dans une association, etc.

Sont encore rapportables au même titre : les sommes employées pour l'acquisition d'un office de notaire ou d'avoué, d'une charge de greffier ou d'huissier, de commissaire-priseur, d'agent de change ou de courtier de commerce, ainsi que les dépenses accessoires, telles que frais d'enregistrement et honoraires de l'acte de cession et frais de réception.

Si la charge n'est pas vénale et que le fils ait succédé à son père après le décès de ce dernier sans qu'aucune convention ait été faite entre eux, il n'y aura pas lieu à rapport. Mais il en serait autrement si le père avait acheté la démission d'un titulaire étranger pour faire nommer son fils à la place de celui-ci (Dalloz, *Repert. Successions*, n° 1196).

Celui qui a reçu gratuitement soit de son père, soit de toute autre personne, dont il est le successible, un des offices désignés par la loi du 28 avril 1816, en rapporte la valeur à la succession du donateur. Toutefois nous pensons que la démission gratuite d'un de ces offices n'est pas un avantage sujet à rapport lorsqu'elle a été donnée avant la loi de 1816, qui a établi pour les titulaires le droit de présenter leur successeur. Le maître de poste qui donne sa démission en faveur d'un de ses successibles, fait à ce dernier un avantage rapportable ; c'est ce qui résulte des textes relatifs aux maîtres de postes (art. 68, 69 et 70 du décret du 24 juillet 1793 et art. 3, arrêté du Directoire exécutif du 1er prairial au VII; Dalloz, *loc. cit.*; Cassation, 23 juillet 1851, Sir.; 51, 1, 574).

Avant de faire le rapport des sommes employées par le père pour l'établissement du fils, il faut examiner attentivement si c'est à titre de prêt ou à titre de don en avancement d'hoirie que la somme a été reçue. Dans ce dernier cas, le fils, en renonçant à la succession, pourra se dispenser du rapport ; s'il en est autrement, il sera tenu au paiement même à l'égard des créanciers du défunt. Mais, dans le doute, nous pensons qu'il vaut mieux supposer que la somme employée est un don en avancement d'hoirie (Duranton, VII, n° 361).

Il faudrait encore considérer comme frais d'établissement les dépenses faites pour entrer dans les ordres sacrés (Dalloz, *Succ.*, n° 1200).

Une question assez délicate est celle de savoir si le rapport est dû de ce qui a été employé par les père ou mère pour le remplacement de leur enfant au service militaire. Une décision déjà ancienne avait admis la négative. C'est un arrêt de la cour de Dijon (23 janvier 1817, sér. 17, 2, 374). Cependant il nous répugne d'admettre ce principe, qui, du reste, a été rejeté par un grand nombre d'arrêts plus récents. La dette du service militaire est en effet une dette personnelle de l'enfant, d'après l'esprit de l'art. 1 de la loi du 19 fructidor an vi, conçu en ces termes : « Tout Français est soldat et se doit à la « défense de la patrie. » Donc les père et mère qui ont payé une somme à l'effet de libérer leur enfant du service militaire, ont payé une dette à celui-ci, dette qu'aucune loi ne mettait à leur charge (Caen, 5 février 1821, Sir. 13, 7, 387 ; Amiens, 17 mars 1853, Sir. 55, 2, 97 ; Cass., 21 décembre 1853, Sir. 55, 1, 276).

Il y a cependant deux exceptions à la règle qui oblige de rapporter le prix du remplacement au service militaire. Il n'y a pas lieu au rapport : 1° Si le remplacement a été fait, non pas dans l'intérêt du fils mais dans l'intérêt des parents eux-mêmes ou de la famille ; dans ce dernier cas, en effet, les parents ont plutôt géré leur propre affaire que celle de leur fils. Mais la preuve de cette exception appartient à l'enfant qui s'en prévaut (Toulouse, 9 janvier 1835, Sir. 35, 2, 413 ; Riom, 13 février 1844, Sir. 44, 1, 633). — 2° Si le traité fait par le père a été onéreux, comme si, par exemple, celui-ci avait imprudemment payé le prix du remplacement à une compagnie d'assurances insolvable ; l'affaire alors n'aurait pas été utilement gérée, et le fils serait obligé ou d'aller se ranger sous les drapeaux ou de se faire remplacer une deuxième fois. Peu importe, du reste, pour donner lieu au rapport, que le remplacé ait été mineur ou majeur au moment du remplacement. Aux auteurs qui prétendent que le rapport ne peut être exigé que des majeurs il est facile de répondre, car l'enfant âgé de moins de 21 ans est réputé majeur à l'âge de 18 ans pour ce qui concerne le service militaire (C. Nap., art. 374 et loi du 28 avril 1832 ; Aubry et Rau, V, § 631 ; Demolombe, IV, §§ 350 à 352).

Il est évident que le rapport serait encore dû, si le défunt, par suite d'un cautionnement qu'il aurait fait en faveur de l'un de ses successibles, avait été obligé de payer la dette de ce dernier. Mais alors c'est un rapport résultant d'une dette et non plus d'un cautionnement ? Non, car on suppose que le défunt n'a rien payé, et l'on s'est demandé si l'héritier cautionné devait rapporter à ses cohéritiers leur décharge. On a prétendu (Troplong, *Des*

6 S.

Don. et Test., t. III, n° 1080) que le cautionnement ne constituait pour l'héritier aucun avantage, parce qu'il n'avait pour objet que la sûreté du créancier cautionné. Sans doute, si le cautionnement a eu lieu dans l'intérêt de celui-ci, l'héritier cautionné n'en doit pas la décharge à ses cohéritiers. Mais s'il est intervenu dans l'intérêt de cet héritier, il nous semble évident que ce cautionnement lui a procuré du crédit aux dépens de celui du défunt. Il est donc juste qu'il en rapporte la décharge. Quant à la question de savoir si le cautionnement a été fait dans son intérêt ou dans celui du créancier, c'est une question qui ne peut être résolue qu'en fait, d'après l'intention du défunt et les circonstances (Demante, t. III, n° 187 bis).

D'autres avantages sujets à rapport peuvent encore être faits au successible par suite d'actes passés entre le défunt et lui : la remise de la dette par le défunt à son successible, par exemple, qu'elle ait eu lieu par une déclaration expresse, par la remise du titre ou par une quittance simulée ; la quittance que le défunt aurait donnée à l'un de ses successibles pour une somme qu'il n'aurait pas reçue, la suppression de la reconnaissance d'un prêt qu'il aurait fait, ou encore, disait Pothier, « si un père par une tran-« saction sur un compte de tutelle, se reconnaissait, en-« vers son fils, débiteur d'une plus grosse somme qu'il ne « lui doit effectivement » (Pothier, *Des Success.*, ch. 4, art. 11, 12). De même encore, la renonciation à un legs, à une hérédité, à une communauté ou à un droit pécu-niaire quelconque ; enfin tous les avantages provenant de

contrats à titre onéreux passés entre le défunt et le successible, à moins que la valeur en soit si peu considérable
qu'elle exclue toute idée de libéralité. Un père, par exemple, vend à l'un de ses fils pour une somme de 40,000
francs un immeuble qui en vaut 50,000 ; le profit de
10,000 francs serait évidemment rapportable ; mais si le
bénéfice était minime, si ce même immeuble avait été
vendu 49,000 francs, ou à peu près, ce serait un bon
marché, une bonne affaire, dont le fils aurait droit de
profiter tout comme un étranger (Aubry et Rau, V, § 631.
texte et note 24).

§ IV

DES DETTES

La loi, dans les art. 829 et 851, exige que les sommes
dues par l'un des successibles au défunt, soient rétablies
dans la masse partageable, ou que ses cohéritiers prélè-
vent des sommes égales à celle dont il est débiteur (art.
830).

Dans nos anciennes coutumes, cette obligation du rapport des dettes à la succession du *de cujus* existait certainement : « Le fils, disait Lebrun, qui a emprunté à son
« père une somme de deniers, est obligé de la rapporter
« à la succession, suivant les arrêts qui sont communs
« dans les livres ; et cette jurisprudence est fondée sur ce

« que le père, qui prête et qui n'exige pas pendant
« sa vie, est présumé donner par anticipation de succes-
« sion ; que, d'ailleurs, le prêt fait par le père deviendrait
« un avantage s'il n'était pas sujet à rapport, et que la
« première règle du rapport est l'égalité, qui se trouverait
« autant blessée par le défaut de rapport de ce qui a été
« prêté que de ce qui a été donné, etc., etc. » (Lebrun,
liv. III, ch. 6, sect. ii, n° 2).

Au surplus, tous nos anciens jurisconsultes étaient d'accord sur ce point (Pothier, *Des Success.*, IV, art. 11, § 11 ;
Duplessis. *Des Success..* p. 208 ; Bourjon, *Droit com. de
la France,* tit. 17, 2° partie, ch. 6, sect. ii, n° 8).

Le fondement de l'obligation du rapport des dettes est
la volonté de la loi de rétablir les choses dans l'état où
elles seraient, si les sommes, dont l'un des successibles est
débiteur envers le défunt, n'étaient pas sorties du patrimoine de ce dernier. Autrement, c'est-à-dire, si l'héritier,
débiteur du défunt, avait le droit de partager la succession dans l'état où elle se trouve, sauf à rester débiteur
envers ses copartageants jusqu'à concurrence de la part
de la créance à laquelle ils ont droit en leur qualité d'héritiers, l'égalité serait rompue ; car tandis qu'il aurait
toute sa part en nature, toute sa part en bons deniers
comptant, le lot de ses copartageants serait en partie com-
posé d'une simple créance contre lui ; ils seraient exposés
à un danger, le risque de l'insolvabilité de leur coparta-
geant, tandis que celui-ci n'aurait aucun risque à courir
et c'est ce que la loi n'a pas voulu.

Il faut, pour soumettre la dette au rapport à la succession qu'elle existe encore à ce moment. Ainsi point de rapport si elle avait été éteinte par suite de paiement, par compensation ou encore par prescription.

Aucun doute ne peut s'élever sur la remise de la dette faite au successible. Mais les auteurs se divisent si cette remise résulte du concordat intervenu à la suite de la faillite de ce successible.

Les uns veulent qu'on rapporte le dividende seulement ; les cohéritiers supportent la perte de la portion de la dette remise (Vazeille, art. 853, n° 4 ; Renouard, *Faillites*, t. II, p. 77).

Les autres enseignent que le rapport de la totalité de la somme est toujours dû (Labbé, *Rev. prat.*, t. VII, p. 187 et suiv., 1859).

Enfin, la troisième opinion distingue, suivant que la cause de la somme dont il a été fait remise était gratuite ou intéressée. Au premier cas, le rapport intégral en est dû, au deuxième cas, il n'en sera dû que déduction faite du montant de la remise. A notre avis, c'est ce troisième système qui nous semble le plus rationnel, et le plus conforme à l'esprit de la loi (Aubry et Rau, V, § 631, note 19).

Au cas où l'héritier, débiteur du défunt, aurait renoncé à la succession, nous avons vu qu'il pouvait se soustraire à l'obligation de rapport ; mais l'obligation de payer sa dette subsisterait toujours pour lui, et la renonciation, en un mot, ne saurait être pour lui un moyen de libération de sa dette.

Depuis l'art. 851 les sommes seules qui ont été employées pour le paiement des dettes de l'héritier sont rapportables. Il en résulte donc que si le défunt avait payé sa propre dette, une dette personnelle à lui, il n'y aurait pas lieu au rapport, tels sont, par exemple, les dommages-intérêts que les père ou mère sont obligés de payer à la suite d'un délit ou d'un quasi-délit commis par un de leurs enfants. Il en serait autrement si l'enfant était en âge de discernement, car alors il aurait la responsabilité de ses actes (Demolombe, IV, §§ 343 et 344 ; Zachariæ, t. II, n° 402 ; Toullier, t. XI, n°ˢ 165 et 271).

Le successible doit-il le rapport des sommes qui ont été employées à payer ses dettes annulables ou rescindables ? Supposons d'abord le cas où le successible est majeur et maître de ses droits. Nous pensons qu'il ne saurait être soumis au rapport, car le successible ne retire aucun avantage de la dépense qui a été faite, puisqu'il pouvait ne pas payer la dette qui a été mal à propos acquittée en son nom. Le rapport, s'il était dû, romprait l'égalité au lieu de la maintenir, puisqu'il mettrait à la charge exclusive de l'un des successibles une dépense, dont il n'a pas profité, que le *de cujus* a faite imprudemment ; ce paiement a pu n'être fait que pour sa satisfaction personnelle, *honoris causa*, comme dit M. Demolombe (t. IV, § 346).

En second lieu, le successible était-il mineur ? Nous pensons que la même solution devrait-être donnée dans ce cas et pour les mêmes raisons ; au surplus, comment pourrait-on admettre que le mineur soit dans une situation pire que celle du majeur. L'art. 851 ne distingue pas ; il les soumet tous deux au rapport, lorsque le paiement leur a procuré une véritable libération, c'est-à-dire, disait M. Berlier, « une dette pour le paiement de laquelle, le « cohéritier aurait pu être valablement poursuivi en « justice. »

Nous avons déjà vu plus haut que l'ouverture de la succession avait pour effet de rendre immédiatement exigible la dette soumise au rapport, alors même que la somme à rapporter serait plus considérable que la part héréditaire elle-même. L'art. 850 ne fait aucune distinction ; il soumet au rapport et en fixe l'exigibilité au jour de l'ouverture de la succession pour les dons comme pour les dettes (Demolombe, IV, §§ 460 et 461 ; Aubry et Rau, t. V, § 627 ; Demante, IV, n° 187 bis ; Chabot, sur l'art. 843, n° 23).

L'héritier devrait également le rapport des dettes provenant de quasi-contrats, de délits ou de quasi-délits commis par lui envers le défunt, car ces dettes feraient certainement partie de l'actif héréditaire (Demolombe, IV, § 474).

La restitution des objets divertis ou recélés par l'un des cohéritiers sera faite aussi dans la forme ordinaire des rapports. Mais les soustractions postérieures au décès tomberaient sous l'application des articles 792 et 801 (Cass., 10 décembre 1835, Sir. 36, 1, 327). Le rapport ne peut plus être réclamé dès que le partage est consommé ; les héritiers auront alors une revendication, si l'objet détourné est un corps certain, tant qu'il se trouvera dans les biens de l'héritier soustracteur ; ils n'auraient qu'une action personnelle contre le cohéritier, si l'objet n'existait plus dans les biens ou n'est pas un corps certain.

§ V

DES AVANTAGES INDIRECTS SPÉCIALEMENT

La loi, avons-nous vu, veut que le rapport ait lieu de tout ce que l'héritier a reçu du défunt directement ou indirectement. « En effet, dit Ricard (*Des Donat.*, part. III, « n° 1222), la donation ne consiste pas seulement dans « ce qu'on peut appeler donation entre-vifs ou legs ; mais « tout acte par lequel on relâche ce qu'on peut exiger ou « conserver honnêtement emporte avec soi, surtout en « matière de rapport, les caractères et les qualités de la « donation » (Ferrière, sur l'art 303 de la cout. de Paris ; Pothier, *Des Succ.*, ch. 4, art. 2, § 2 ; Delvincourt, t. II, p. 122, notes). Or les principales manières d'avantager l'un des héritiers au préjudice des autres sont les suivantes : interposition de personnes, donation déguisée sous l'apparence d'un contrat onéreux, renonciation à un avantage. Les difficultés les plus grandes se sont élevées sur ces différentes questions et divisent encore aujourd'hui la jurisprudence et la doctrine.

Nous n'aurons pas à examiner ici si les donations déguisées sous une forme quelconque, sont ou non valables, cela est évident ; cette question se rattache au titre des donations. Il faudra donc, dans l'exposition que nous allons faire, tenir pour valables les actes de libéralité qui en feront l'objet ; cela est nécessaire. Aujourd'hui, la jurisprudence et la doctrine, disons-le en passant, paraissent être d'accord pour admettre la validité des donations déguisées ; nous supposerons donc qu'il ne pourra être question d'en demander la nullité mais le rapport.

A. Interposition de personne. — C'est une règle évidente, à notre avis, qu'il est dû rapport des libéralités qu'on a reçues du défunt par l'interposition d'un tiers ; et certains auteurs mêmes, qui ne reconnaissaient pas le rapport des donations déguisées sous l'apparence d'un contrat onéreux, l'admettent dans ce cas (Toullier, t. IV, n° 472 ; Grenier, n° 512 ; Malpel, n° 265).

Cette solution est également celle de nos anciens commentateurs (Pothier, *Des Success.*, ch. 4, art. 2, § 2 ; Ferrière, sur l'art. 303 de la cout. de Paris ; Ricard, 3ᵉ part., n° 1222).

La plupart des arguments que nous ferons valoir en soutenant le système qui exige le rapport des avantages indirects cachés sous la forme d'un contrat onéreux pourront également être invoqués dans l'hypothèse d'une interposition. Aussi, pour ne pas faire double emploi, renvoyons-nous à cette question.

Qu'on ne nous objecte pas les articles 847 et 849, car ils ne sont basés sur aucune interposition de personne.

En conséquence l'héritier rapportera ce qu'une autre personne était chargée de lui remettre par contre-lettre. Si cette remise est la condition d'un don ou d'une convention faite par le défunt avec un tiers, le rapport n'en sera pas moins dû, car la succession en a souffert (Delvincourt, t. II, p. 110).

La loi frappe de nullité toute disposition faite au profit d'un incapable, parce que alors elle les répute de droit personnes interposées (art. 911) : cette interposition n'est pas présumée en matière de rapport ; mais il ne faut pas en conclure qu'elle ne puisse être prouvée. Nul doute, par exemple, que le rapport fût dû, si le père, le fils ou l'épouse du successible étaient chargés expressément de lui restituer la chose donnée (Grenier, n° 13 ; Chabot, t. III, p. 222 à 225 ; Delvincourt, p. 328, note 10 ; Toullier, t. IV, n° 473 ; Duranton, t. VII, n°ˢ 316 et 317).

B. Déguisement d'une libéralité sous la forme d'un contrat onéreux. — Trois opinions se partagent la solution de cette question. Quant à nous, nous admettons celle qui exige le rapport des donations déguisées ; car, dans l'hypothèse de l'interposition d'un tiers, comme dans celle que nous allons examiner maintenant, il y a eu un avantage indirect.

D'après les partisans du système contraire, l'avantage indirect est celui que le successible a retiré d'opérations dans lesquelles il n'a pas été partie. Les libéralités faites par l'interposition d'une personne, ou celles qui ont été exécutées sous le voile d'un contrat onéreux, ajoute-t-on dans ce système, ne sont pas indirectes, mais occultes, cachées ; or le disposant, qui fait de telles libéralités, manifeste clairement son intention de les dispenser du rapport en recourant à cette voie détournée.

Cependant nous ne comprenons guère cette manière de raisonner, car que peut-il y avoir de plus indirect qu'une libéralité obtenue par un détour, par une déviation aux règles ordinaires ; tel aussi était le sentiment de Pothier (*des Success.*, ch. 6, art. 2, § 2).

On nous objecte qu'en faisant une libéralité occulte, le disposant a manifesté tacitement et très-énergiquement la volonté de dispenser son successible du rapport. Rien ne nous paraît moins prouvé que cette intention. Il a pu y être entraîné pour plusieurs raisons : désir de soustraire le donataire à l'obligation de payer des frais considérables, les frais de la mutation de propriété, par exemple ; ou bien crainte de déplaire à l'un de ses parents ; ou bien encore il a voulu empêcher qu'on attaquât la libéralité pour cause de captation ou de suggestion, etc., etc. Et la preuve que le disposant, qui déguise la libéralité par lui faite à son successible, peut avoir d'autres motifs que l'intention de le dispenser du rapport, c'est qu'on voit très-souvent des donations déguisées, faites à des personnes qui ne sont pas successibles du donateur, qui n'ont aucune vocation à sa succession, et qui, par conséquent, ne sont pas soumises au rapport. Or, dans le doute, il vaut mieux s'en tenir à l'art. 843 qui exige une mention expresse de la dispense du rapport. L'art. 918 sur la vente à fonds perdu faite à un successible est la seule exception à cette règle ; et l'on ne peut étendre une exception d'un cas à un autre. D'ailleurs, l'art. 918 est placé sous un tout autre titre que les rapports à succession, et les rédacteurs du Code n'ont pu entendre changer tout le système sur le rapport des avantages indirects par une disposition spéciale et étrangère à l'ensemble de la loi.

Enfin, lors même que l'intention du testateur serait de dispenser le donataire du rapport, le rapport serait encore dû. En effet, aux termes des art. 843 et 919, la dispense doit être expresse, et, dans l'hypothèse actuelle, elle ne l'est pas ; la loi ne se contente pas d'une manifestation quelconque de volonté, elle veut que cette manifestation soit expresse, et elle ne l'est pas lorsqu'elle peut donner lieu à des conjectures, à des probabilités. Elle a été si loin à cet égard, qu'elle soumet au rapport le legs d'une somme modique, et cependant l'intention de faire une libéralité ne se montre nulle part aussi énergiquement que dans cette hypothèse.

Si l'on admet que la libéralité occulte est dispensée du rapport, il faut certainement reconnaître que cette dispense est tacite, or une telle supposition nous conduirait à ce résultat absurde : la clause de préciput doit être expresse ; elle peut cependant n'être que tacite ; et, en supposant toujours que le déguisement établit d'une manière suffisante la volonté du donateur de disposer hors part, ce serait donner à un acte simulé une faveur que n'aurait pas un acte sincère, et c'est ce que la loi n'a pu vouloir.

Il est donc logique de dire que la voie occulte n'est pas permise, puisque la loi n'autorise que la voie expresse. Elle n'autorise que la voie expresse, puisqu'aux termes de l'art. 854, la voie occulte est qualifiée de fraude à la loi. Le mot *sans fraude* de cet article doit s'entendre de la contravention à la loi qui règle les rapports, et qui veut l'égalité dans les partages, et non de la contravention à la loi qui détermine les droits des héritiers à réserve (Grenier n° 313 ; Chabot, t. III, p. 225 et 226 ; Delvincourt, t. II, p. 121 ; Duranton, t. VII n°s 313, 326 et suiv.; Demolombe t. IV, § 251 à 256 ; Pont, *Revue de législ.*, t. XXII, p. 284 etc. etc.;—Montpellier, 26 février 1830 ; Paris, 19 juillet 1833 ; Douai, 30 janvier 1838 ; — *Contra* Aubry et Rau, t. V, § 632 ; Marcadé sur l'art. 851 ; Toullier, t. IV, p. 474; Vazeille sur l'art. 843 n° 5 ; Belost Jolimont sur Chabot, art. 843, observ. 4).

Dans le dernier état de la jurisprudence de la Cour de cassation, un système mixte fut introduit, sur la proposition de M. Troplong, dans son rapport sur une affaire soumise à cette Cour, et fut sanctionné par elle dans un arrêt du 20 mars 1843. Suivant le savant magistrat, dispenser du rapport les donations déguisées, précisément à cause de la forme détournée qui a été employée, c'est s'exposer à ériger en principe une présomption qui n'est pas infaillible ; car le donateur a pu avoir pour but d'éviter les formes gênantes d'une donation, d'éviter des droits d'enregistrement sans vouloir faire un préciput. La vérité suivant lui, paraîtra donc être ceci : une donation déguisée n'est pas soumise à la mention expresse de préciput ou hors part requise par l'art. 919 ; mais au moins faut-il des preuves indépendantes du seul déguisement, pour établir que le donateur a voulu faire une donation hors part. Maintenant qui est-ce qui appréciera les circonstances du fait d'où découle cette volonté? les juges du fait. Ce système a été consacré par plusieurs autres arrêts de la Cour suprême (16 juillet et 6 novembre 1855).

Nous ne pouvons pas plus admettre ce système que celui qui rejette le rapport d'une manière absolue pour ces libéralités. Car, ou bien les art. 843 et 919 sont inapplicables aux donations déguisées, et où serait alors la disposition qui les soumettrait au rapport? ou bien s'ils s'y appliquent, comment pourrait-on alors les affranchir du rapport, en vertu d'une dispense qui ne serait même pas virtuelle et ne résulterait pas nécessairement de la simulation (Aubry et Rau, t. V, § 632, note 15).

Résumons-nous donc : L'art. 843 pose un principe : toute donation soit directe, soit indirecte est rapportable. Puis il y apporte une exception : il n'y a pas lieu à rapport si le *de cujus* en a expressément dispensé le successible.

La question est de savoir si les donations déguisées rentrent dans le principe ou dans l'exception.

Il est manifeste qu'elles rentrent dans le principe, car les mots donations *directes* et *donations indirectes* comprennent toutes les donations ; c'est évident.

Si une donation n'est pas directe, c'est qu'elle est indirecte, si elle n'est pas indirecte il faut nécessairement qu'elle soit directe : on ne concevrait pas une donation qui ne serait ni l'une ni l'autre. Les donations déguisées rentrent donc dans le principe posé par l'art. 843.

Peuvent-elles maintenant être comprises dans l'exception ? Evidemment non. Quelles sont les donations dispensées de rapport ? Ce sont celles qui ont été *expressément* dispensées. La loi veut une dispense *expresse*, une manifestation *non équivoque* de la volonté du testateur. Or, le soin qu'a pris le disposant de déguiser sa libéralité peut-il être considéré comme une manifestation non équivoque de dispenser du rapport ? Poser cette question, c'est la résoudre. Comme nous l'avons déjà vu plus haut, rien n'est plus équivoque, rien n'est plus problématique.

Les donations déguisées ne peuvent donc pas rentrer dans l'exception.

Donc elles sont sous l'empire du principe, donc elles sont rapportables.

La vente est un des contrats qui servent le plus souvent à déguiser les donations faites à l'héritier présomptif.

Il a été jugé que pour qu'une vente, faite à vil prix à l'un des successibles, soit réputée contenir un avantage indirect, il n'est pas nécessaire qu'elle renferme une lésion des sept douzièmes. Cette lésion n'a trait qu'à la rescision de la vente; entre héritiers d'autres vues ont dirigé le législateur qui a établi le rapport pour maintenir, l'égalité (Merlin, *Répert. Rapp.* § 3, art. 4 n° 5 ; Grenier,

t. II, n° 518 ; Chabot, t. III, p. 239 ; Duranton, t. VII, n° 335).

Mais de quoi faudra-t-il faire le rapport ? est-ce la différence du prix à la valeur ou de l'immeuble même ? Cette question avait déjà partagé les jurisconsultes romains et nos anciens auteurs. Sous l'empire du Code il faut distinguer : ou l'immeuble est divisible, et alors le rapport se fait d'une part proportionnée à la différence du prix ; ou il ne l'est pas, et alors, si la différence est de plus de moitié, l'immeuble est rapporté en entier, sauf répétition du prix, qui a été payé ; sinon, l'on pourra retenir l'immeuble en rapportant ce qui manque du juste prix (Dig. 1. 5, § 5, 31 § 3 ; *de Donat. int. vir. et ux.* ; Pothier, ch. 4, art. 2, § 2 ; Lebrun, livr. III, ch. 6, sect. III ; Grenier, *loc. cit.* ; Chabot, t. III, p. 331 ; Duranton t. VII, n°s 395 à 402).

Un bail à vil prix peut donner lieu au rapport. Mais on doit être moins disposé que dans le cas de vente à y voir un avantage indirect. La succession, en effet, a pu profiter elle-même du choix de l'un des héritiers pour fermier ou locataire ; il a un intérêt particulier à la conservation et à l'amélioration des biens. Le bénéfice que le fils a retiré du bail n'est peut-être que la juste récompense de ses soins. Toutes ces considérations doivent être appréciées par le juge. En un mot, le bail ne doit donner lieu à rapport que lorsqu'il a été consenti pour une somme notablement inférieure au juste prix. Mais de quoi sera dû le rapport dans ce cas ? De toute la différence entre le prix convenu et le juste prix. En vain l'héritier invoquerait-il l'art. 856 pour restreindre son rapport aux frais perçus depuis l'ouverture de la succession. Dans cet article, il ne s'agit que du cas où l'immeuble même a été donné en propriété. En général, le rapport est dû de tout ce qui a été reçu du défunt (Chabot, t. III, p. 399 ; Delvincourt, t. II, p. 332 ; Duranton, t. V, n° 342 ; Paris, 21 avril 1812 ; — *Contra*, Nîmes, 15 mars 1819).

C. Renonciation a un avantage au profit d'un successible. — Les autres manières d'avantager indirectement l'un de ses successibles sont la remise de la dette, question sur laquelle nous ne reviendrons pas, et la renonciation, au profit du successible, à un avantage qui appartenait au donateur, ou qui était commun au père et au fils.

La renonciation du père soit à un legs, soit à une succession au profit de l'un de ses enfants dont il est co-légataire ou co-héritier, renferme-t-elle une libéralité sujette à rapport? Les partisans de la négative appuient leur système sur cette idée que le père, n'ayant jamais été héritier par l'effet de sa renonciation (art. 785), n'a jamais eu la propriété des biens de la succession ; il n'a donc rien donné du sien. S'il en résulte un avantage pour le fils, il le tient de la loi elle-même. Or, le rapport n'est dû généralement que de ce qui a été reçu du défunt. Le père a pu d'ailleurs renoncer à une succession onéreuse ; et, dans tous les cas, cela serait contraire à la maxime : n'est héritier qui ne veut ; (Pothier, *loc. cit.*; Grenier, n° 715 ; Toullier, t. IV ; n° 475).

7 S.

Quelque séduisante que soit cette argumentation, nous ne pouvons cependant l'admettre. En effet, il est faux de dire que le père ne donne rien du sien ; il pouvait sans doute en être ainsi dans la loi romaine, où, lorsque l'on acceptait pas une hérédité ou un legs, on n'aliénait rien ; aussi les créanciers, autorisés à faire révoquer les aliénations faites en fraude de leurs droits, ne pouvaient-ils jamais attaquer une renonciation. Mais, sous l'empire du Code, il ne peut plus en être ainsi ; la saisine légale, qui n'était pas connue dans les lois romaines, a produit des effets différents ; c'est ainsi que la loi donne au légataire, dès le moment du décès du testateur, un droit à la chose léguée, droit transmissible à ses héritiers (art. 1014), et autorise ses créanciers à faire annuler à leur profit la renonciation de leur débiteur (art. 788). Le légataire ou l'héritier que la loi a ainsi saisi, aliène donc en renonçant. En second lieu, ce système laisse le père libre d'accepter ou de renoncer ; seulement, dans ce dernier cas, le juge appréciera le motif qui l'a déterminé, et n'ordonnera le rapport que s'il y a eu avantage indirect (Chabot, t. III, p. 244 à 262 ; Delvincourt, t. II, p. 330 ; Duranton, t. VII, n°s 345 et suiv.; Aubry et Rau, t. V, § 631 ; Cass. 8 mars 1858).

La même solution devrait être admise et pour les mêmes motifs, au cas où une femme remariée renoncerait à la communauté évidemment avantageuse du second mari, pour faire profiter du tout les enfants du second lit, et il y aurait lieu à rapport envers les enfants du premier lit. A l'inverse le rapport serait également dû, lorsque la femme qui a convolé, toujours dans l'intention de favoriser ses enfants du second lit, accepterait une communauté se trouvant dans un mauvais état notoire, et priverait ainsi ses enfants du premier mariage de la reprise de son apport dans cette communauté. « Il n'y a de différence, dit Chabot, dans les trois cas que nous avons parcourus, que quant à la manière de donner ; il n'y en a pas quant au don. N'est-ce pas donner quelque chose du sien que de remettre le droit qu'on a de recueillir tels ou tels biens ? » (Chabot, Delvincourt, Duranton, *loc. sup. cit.*; Aubry et Rau, V, § 631 ; Dalloz, *Sun. Rep.*, §§ 1158 et 1159.)

Supposons maintenant le cas de prescription ; assimilerons-nous la libération qui en résulte à la remise ou à la renonciation volontaire ? Non, et le rapport ne sera pas dû, à notre avis, parce que la prescription n'est fondée que subsidiairement sur une présomption de renonciation ; elle est surtout une peine infligée à la négligence du créancier. Cependant, s'il s'agissait d'avances faites dans l'intérêt de l'héritier, avances sujettes au rapport de leur nature, ce dernier ne pourrait se prévaloir de la prescription pour échapper au rapport. Le motif de cette solution est que la prescription de l'obligation de rapport, auquel est soumis l'héritier qui prétend en être dispensé, n'a pu commencer qu'au jour de l'ouverture de la succession (Aubry et Rau, V, § 631 et note 23 ; Paris, 6 mai 1846; Grenoble, 14 août 1845, Sir, 46, 2, 225; Amiens, 17 mars 1853, Sir, 55, 2, 97).

Nous verrons, dans un paragraphe subséquent, en traitant des fruits et intérêts des choses sujettes au rapport, si la renonciation à un usufruit légal ou conventionnel, en faveur d'un successible, donne lieu ou non au rapport des fruits perçus.

CHAPITRE V

§ Ier.

DES CHOSES DONT LE RAPPORT N'EST PAS DU

Il y a une catégorie de dépenses qui, de tout temps, ont été dispensées du rapport ; la raison en est que, le plus souvent, ces dépenses sont si peu importantes, si modiques, que le législateur n'a pas cru devoir les soumettre à cette obligation ; car, presque toujours, elles sont rendues nécessaires par la bienveillance, par la simple politesse même. En général, elles sont faites pour être dépensées ; or, les revenus sont faits pour être dépensés, et si le père n'en avait pas fait profiter son successible, il les aurait dissipés de toute autre manière, *lautius vixisset*. Ainsi donc, ces libéralités se distinguent en ce que, d'un côté, elles ne diminuent pas la fortune de leur auteur, et, d'un autre côté, elles n'augmentent pas celle de celui qui les reçoit ; de sorte que, quand même ces libéralités n'auraient pas été faites, la masse des biens à partager lors du décès ne présenterait rien de plus.

D'autres dépenses, comme, par exemple, les frais d'éducation et d'apprentissage, sont également dispensées du rapport. La raison en est qu'elles ne sont que l'accomplissement d'une obligation légale qui pèse sur le père.

A côté de ces frais, nous en trouvons encore d'autres qui, à raison de leur nature, en sont dispensés : ce sont les frais de nourriture, d'entretien, les frais ordinaires d'équipement, ceux de noces et les présents d'usage (art. 852).

Les successibles en ligne collatérale, comme les successibles en ligne directe peuvent invoquer l'art. 852. Et il n'y a même pas à distinguer si les successibles, auxquels s'adressent les libéralités mentionnées par l'art. 852, sont en état de pourvoir eux-mêmes à leurs besoins au moyen de leur fortune personnelle, ou ne le peuvent pas. La première proposition, c'est-à-dire celle qui assimile l'héritier collatéral à l'héritier en ligne direct, se justifie facilement : tout héritier, dit l'art. 843, sans distinction, doit le rapport ; donc, d'après l'art. 852, c'est aussi tout héritier, sans distinction, qui en est affranchi. Quant à la deuxième proposition, celle qui ne distingue pas entre les enfants qui ont et ceux qui n'ont pas des ressources personnelles suffisantes, elle repose sur cette idée qu'entre parents « une sorte de délicatesse repousse l'évaluation et la répétition de frais tels que ceux de nourriture ». Cette solution a l'avantage de tarir une source inépuisable de procès (Dalloz, *Des success.*, § 163 ; Aubry et Rau, t. V, § 631 ; Toullier, IV, 478 ; Bordeaux, 8 août 1838, Dal., *loc. cit.*)

Il n'y aurait pas à distinguer davantage si le successible était marié ou non marié, mineur ou majeur, établi ou non établi, si le père avait fait les dépenses mentionnées en l'art. 852 en faveur des uns sans les avoir faites pour les autres (Demolombe, IV, §§ 413 et 414).

Si, sous la forme et le nom des libéralités modiques, dont parle cet article, le défunt avait procuré à son héritier des avantages considérables, le rapport pourrait, selon le cas, en être exigé. Tels seraient, par exemple, les frais de nourriture qu'un père a faits en faveur d'un enfant majeur, marié, pourvu d'une dot, alors que ces dépenses embrassaient tout un ménage et étaient continuées pendant de longues années, tandis que les autres enfants, demeurant au dehors, étaient obligés de pourvoir eux-mêmes à leurs besoins (Dalloz, *Des succes.*, § 1167 ; Nancy, 20 janvier 1830).

L'art. 852 ne s'applique qu'aux frais de nourriture et autres qui ont été faits par le défunt lui-même de son vivant. Par conséquent, les legs faits pour subvenir, après la mort du testateur, à l'une ou l'autre des dépenses indiquées dans cet article, seraient soumis au rapport (Delvincourt, II, 119 ; Chabot, art. 852 ; Aubry et Rau, I, § 631 ; Demolombe, II, § 421).

Education. — Les frais d'éducation comprennent les livres fournis au successible pour son instruction, à l'exception du cas où il s'agirait du don d'une véritable bibliothèque, le prix des pensions, les instruments et objets nécessaires pour l'étude des sciences, ainsi que les honoraires des précepteurs et maîtres, et même, comme le dit M. Demolombe, les honoraires des maîtres d'agrément, de musique, de chant, d'équitation, d'escrime, etc. On doit également comprendre, dans le terme éducation, toutes les dépenses faites pour l'obtention des différents grades universitaires, tels que ceux de licencié et docteur en droit, en médecine, en lettres, en sciences, en théologie, avec le coût des diplômes (Pothier, *Des success.*, chap. 4, art. 1, § 111 ; Malpel, n° 271 ; Duranton, VII, 360 ; Aubry et Rau, V, § 631 ; Demolombe, IV, § 424).

Dans quelques coutumes, les frais de doctorat étaient soumis au rapport ; d'autres les en dispensaient. Ces distinctions ne sont plus admises sous le Code. Le doctorat n'est, en effet, qu'un apprentissage, une éducation perfectionnée et non un établissement, un état.

Selon Delvincourt (t. 2, p. 119), les grades en médecine sont soumis au rapport, par le motif qu'ils sont plus coûteux que dans les autres facultés, et, qu'étant toujours pris pour exercer la profession de médecin, ils confèrent un établissement réel ; mais cette exception n'est pas fondée ; car il faut considérer le grade seulement comme une attestation d'aptitude à telle ou telle profession ; c'est un complément d'éducation.

Y a-t-il lieu au rapport lorsque les frais d'éducation sont disproportionnés avec la fortune du père et que, pour soigner l'éducation de l'un de ses enfants, celle des autres a été fort négligée? M. Demolombe (IV, § 417), se fondant sur un argument tiré du texte de l'art. 852, article qui dit : les frais *ordinaires* d'équipement, tandis qu'il ne dit pas les frais *ordinaires* d'éducation, prétend que dans ce dernier cas, il n'y a jamais de distinction à faire et que le rapport n'en est dû dans aucune circonstance. Cet argument, conforme, il est vrai, au texte de la loi, n'est que spécieux, et nous préférons nous ranger à l'avis de ceux qui soutiennent que le rapport de ces frais est dû, avis conforme à l'équité, et, par là même, à l'esprit de la loi ; car, en matière de rapport, il faut toujours avoir en vue le but que s'est proposé le législateur, c'est-à-dire de rendre égales les parts des héritiers. Cette opinion était déjà professée, dans l'ancien droit, par Guy Coquille (Cout. de Nivernais, *Donat.*, art. 11). En terminant faisons remarquer que M. Demolombe lui-même confesse les conséquences injustes où conduirait l'application du système qu'il soutient.

Apprentissage. — La loi dispense encore du rapport les frais d'apprentissage, c'est-à-dire ceux qui sont faits pour apprendre un état, un métier au successible ; ils rentrent donc dans la catégorie des frais d'éducation. C'est ainsi que les frais faits par un clerc de notaire ou d'avoué, pendant la durée de son stage, ne sont pas rapportables.

Equipement. — La loi ne dispense du rapport que les frais ordinaires d'équipement, c'est-à-dire de ce qui est nécessaire à l'enfant entrant au service militaire. Les frais extraordinaires seraient soumis au rapport. Nous avons déjà traité plus haut la question du remplacement militaire, aussi n'avons-nous pas à y revenir.

Frais de noces. — La dispense de rapporter les frais de noces est fondée « sur ce qu'ils sont plutôt faits, dit De-
« nizard, par honneur pour la famille, que pour le bien

« de celui qui les occasionne. » Ils comprennent princi-
palement les banquets, festins ou assemblées, qui ont lieu
à l'occasion du mariage.

Présents d'usage. — On considère généralement comme
présents d'usage les habits nuptiaux, joyaux et autres
dons semblables. Il ne faut pas restreindre l'application
des mots présents d'usage aux cadeaux qui se font à l'occasion du mariage : on doit encore y comprendre toute
espèce de présents que l'usage commande ou autorise dans
les différentes circonstances de la vie : les présents faits à
l'occasion du premier de l'an, par exemple, ceux faits à
l'occasion de l'anniversaire d'une naissance sont encore,
au même titre, dispensés du rapport ; il en serait de même
des sommes qu'un père, en vendant ou en affermant ses
biens, stipulerait à titre d'étrennes, d'épingles ou de pots-
de-vin pour quelques-uns de ses successibles (Aubry et
Rau, V, § 631 ; Duranton, VII, 365 et 366 ; Demolombe,
IV, § 435).

Le trousseau, qu'il est d'usage de donner à la future
épouse, doit-il être considéré comme un présent de noces
dans le sens de l'article 852 ? Nous ne le pensons pas.
Cependant, eu égard à la nature des objets dont il se
compose et à sa modicité comparativement à la fortune
du donateur, un trousseau pourrait être regardé comme
un simple présent de noces (Demolombe, IV, § 432 ; Aubry et Rau, *loc. cit.*)

Les honoraires et déboursés faits pour un contrat de
mariage et payés par les père et mère d'un futur sont

soumis au rapport, car on ne peut les considérer comme frais de noces dans le sens de l'art. 852 (Bourges, 8 février 1845, D., IV, 444).

§ II

1° CONVENTIONS PASSÉES ENTRE L'HÉRITIER ET LE DÉFUNT ET QUI NE PRÉSENTENT PAS D'AVANTAGE INDIRECT, AU MOMENT OU ELLES ONT ÉTÉ CONCLUES ; 2° ASSOCIATIONS FAITES SANS FRAUDE ENTRE EUX QUAND LES CONDITIONS EN ONT ÉTÉ RÉGLÉES PAR UN ACTE AUTHENTIQUE.

A. Aux termes de l'art. 853 « il n'est pas dû rapport « des profits que l'héritier a pu retirer des conventions « passées avec le défunt si ces conventions ne présentaient « aucun avantage indirect, lorsqu'elles ont été faites. » « Il importe, dit Chabot (t. III, p. 399), à la tranquillité « et aux intérêts des familles, que les parents puissent « faire entre eux de bonne foi toutes les conventions lici- « tes, pour qu'ils ne soient pas forcés d'introduire dans « leurs affaires des étrangers qui n'y portent que trop « souvent le trouble. »

Ainsi, un père et une mère peuvent vendre leur mobilier à un de leurs enfants, afin qu'il les aide à vivre pendant leur vieillesse, sans que cette vente, bien qu'il en résulte plus tard un avantage pour l'enfant, l'assujettisse au rapport. Mais s'il résultait de cet acte une donation déguisée ou un avantage actuel indirect, le rapport serait dû (Bruxelles, 18 février 1813).

Ainsi encore, un père vend à son fils, pour la somme de 50,000 francs, un terrain qui en vaut 48 à 50,000. Postérieurement à ce contrat, ce terrain acquiert, par suite d'une circonstance fortuite, une plus-value considérable : le fils n'a rien à rapporter ; car le contrat, qui a été l'occasion de cette bonne fortune, ne présentait au moment où il a été fait aucun avantage indirect ; bien que l'acheteur se soit enrichi, le vendeur ne lui a donné rien du sien. Mais si, au lieu de provenir d'une circonstance postérieure au contrat, le profit se tirait du contrat lui-même, ce profit rentrerait dans la catégorie des libéralités indirectes, et, par suite, dans celle des choses rapportables.

Dans l'exemple précédent, supposons que l'immeuble, qui vaut 50,000 fr. a été vendu pour 30,000 ; la différence entre la valeur de l'objet vendu et du prix de vente constitue une libéralité indirecte. Si, cependant, cette différence était minime, si, par exemple, l'immeuble avait été vendu pour 48,000 ou 49,000 fr., elle ne constituerait pas une libéralité ; c'est un bénéfice qu'il a retiré du contrat à titre onéreux et tel qu'il était en droit d'en attendre. Il appartient aux tribunaux de décider suivant les circonstances, si les conventions dont parle l'art. 853 présentent ou non des avantages indirects.

B. — Notre Code, en permettant tous les contrats

onéreux entre le successible et le donateur, ne les a soumis à aucune condition particulière de validité. Il faut cependant faire une exception au cas où il y a eu société, association entre eux, parce que ce contrat est l'un des plus fréquents et celui qui se prête le plus facilement à la fraude ; il est un de ceux qui soulèvent le plus de difficultés « et qui causent fort souvent, disait Basnage, de la « brouillerie dans les familles. » (Cout. de Normandie, sur l'art. 434.)

Nous allons voir tout à l'heure en quoi consiste les conditions particulières qu'il exige.

L'espèce prévue par l'art. 854 est absolument la même que celle de l'art. 853 ; aussi devons-nous leur appliquer les mêmes principes ; c'est ce qui résulte du mot *pareillement*, qui lie les deux articles entre eux : « Pareillement, « y est-il dit, il n'est pas dû de rapport pour les associa- « tions faites *sans fraude* entre le défunt et l'un de ses « héritiers, lorsque les conditions en ont été réglées par « un acte authentique. »

Que signifie cette expression *sans fraude*? Suivant Toullier (IV, 474), elle veut dire « sans fraude aux dispositions « légales qui règlent la capacité de disposer ou de recevoir « à titre gratuit, et qui fixent la quotité disponible. » Cette interprétation ne peut être la vraie, car on ne voit pas quelle est la relation légale qui existe entre l'art. 854 et la disposition légale dont il parle.

A notre avis ces mots signifient sans détour, sans déguisement, sans fraude à la loi qui exige le rapport de tous les avantages faits par le défunt à son héritier, même indirectement, à moins qu'il en ait été dispensé par un préciput. Pareillement il n'est pas dû rapport...... quand ces associations ne présentaient aucun avantage indirect lorsqu'elles ont été faites. C'est la même idée que celle qui est émise dans l'art. 853 ; et ce n'est que dans un intérêt de style que le législateur a employé des termes différents : Dans l'art. 853, les mots : *si ces conventions ne présentaient aucun avantage indirect*, ont été remplacés par ceux-ci dans l'art. 854 : associations faites *sans fraude*. Mais si les mots diffèrent, le principe qu'ils consacrent est le même, c'est ce qui résulte du mot *pareillement* qui rattache les deux articles l'un à l'autre. Ainsi donc, l'art. 854 n'a eu pour but que d'appliquer en particulier aux associations le principe que l'art. 853 appliquait à tous les contrats onéreux en général.

En conséquence, le successible n'est pas tenu de rapporter les avantages qu'il a, par suite d'événements postérieurs à sa formation entre lui et le *de cujus*, retirés de l'association, lorsqu'elle ne présentait aucun avantage indirect au moment où elle a été faite.

Mais, pour qu'il en soit ainsi, c'est-à-dire pour que l'association ne puisse servir de fondement à une demande de rapport, l'art. 854 exige que les conditions de l'association soient déterminées par un acte authentique. La raison en est que la société est un contrat, le plus souvent, compliqué de clauses, et ce n'est qu'en les combinant entre elles, en les étudiant, qu'on peut voir si elles contiennent des avantages indirects; or, cela n'est pas supposable lorsque les parties en ont consigné les dispositions dans un titre, dont la minute se trouve chez le notaire et qui pourra toujours être consultée et retrouvée par les personnes qui y ont intérêt. En second lieu, la loi n'a pas voulu que l'on puisse antidater un acte ou substituer par des modifications un nouvel acte à un acte antérieur, que l'on aurait supprimé. Si l'acte, au lieu d'être authentique, n'était que sous seing-privé, les mêmes garanties n'existeraient plus, et, comme nous venons de le dire, les parties pourraient le faire disparaître, l'antidater, en changer les clauses, en dénaturer le sens, etc.

L'art 854 est impératif; il faut donc en conclure que l'acte authentique ne saurait être suppléé par aucun autre acte. C'est ainsi qu'un acte sous seing-privé, quoique enregistré ne suffit pas. L'enregistrement ne fait que donner date certaine à l'acte, et ne mentionne pas les clauses dont il se compose; il n'assure pas qu'on pourra retrouver ces clauses quand on aura besoin de les étudier.

C'est ainsi encore, lorsque la société est commerciale, et qu'elle est constatée par un acte sous seing-privé, qu'il ne suffit pas qu'un extrait de cet acte ait été déposé au greffe du tribunal, affiché dans les salles d'audience et inséré dans les journaux, conformément aux prescriptions des art. 42 et 44 (Cod. com.). Marcadé (sur l'art. 854, § 39), n'est pas de cet avis et se contente de l'accomplissement des formalités que nous venons d'indiquer pour écarter tout soupçon d'avantage indirect, et par conséquent, dispenser du rapport. Mais cette opinion n'est pas admissible en présence du texte formel de l'art. 854 qui exige l'acte authentique et qui ne fait aucune différence entre les sociétés commerciales et les sociétés civiles. Au surplus, l'accomplissement des formalités du Code de com., dont nous venons de parler, ne pourraient que donner date certaine à l'acte, et ne le garantiraient nullement contre la suppression dont il pourrait être l'objet ; et ces formalités seraient certainement insuffisantes pour permettre aux intéressés de prendre connaissance des clauses et combinaisons de l'acte social (Aubry et Rau, t. V, § 631 ; Demolombe, IV, § 370 ; Delangle, *des Soc. com.*, t. II, n° 523 ; Delvincourt, t. II, p. 39, note 8 ; Cass. 26 janvier 1842 ; *id.* 31 décembre 1855 ; *id.* 28 décembre 1858 ; *id.* 19 novembre 1861.—*Contra,* Marcadé, art. 854).

Pour fixer le montant des sommes dont on doit faire le rapport en cas d'association par acte non authentique, le juge pourra compulser les registres et papiers du père de famille ; il pourra même recourir à la preuve testimoniale.

L'enfant qui a concouru à l'exploitation du fonds de commerce de son père, et qui, à raison de ce concours, a reçu une certaine somme prise dans les bénéfices, n'est pas considéré comme associé, mais comme un commis recevant une juste rémunération de ses peines. Il n'est donc pas tenu de faire le rapport des sommes qu'il a ainsi

reçues et qui ne sont considérées que comme un sa-
laire.

§ III

DES FRUITS ET INTÉRÊTS DES CHOSES SUJETTES A RAPPORT

Aux termes de l'art. 856, les fruits et intérêts des
choses soumises au rapport sont dus, mais ils ne le sont
qu'à partir du jour de l'ouverture de la succession.

La loi, en adoptant cette solution, a pensé que le défunt aurait dépensé d'une autre manière et en vivant avec
moins d'économie les produits dont il a gratifié son successible, en un mot, *lautius vixisset*; et la donation de
ces produits n'étant la cause d'aucune diminution de son
patrimoine, il était tout naturel de dispenser le successible de les rapporter. Bien plus, la loi a certainement dû
supposer chez le donateur l'intention de dispenser le donataire du rapport de ces fruits et intérêts ; autrement la
donation n'aurait aucun sens, n'ayant aucune utilité. Ce
serait même un danger, puisque la chose donnée n'aurait
été qu'un dépôt entre les mains du donataire, emportant
l'obligation de veiller à la conservation de la chose donnée,
sous peine de dommages-intérêts. Ainsi donc, seuls les
fruits et intérêts perçus avant l'ouverture de la succession
ne sont pas rapportables. De l'ensemble de ces principes
il résulte :

1° Que l'époque de l'ouverture de la succession doit être prise comme point de départ, pour en faire le rapport, de l'exigibilité des produits d'un usufruit dont le défunt aurait avantagé l'un de ses successibles, soit en lui cédant un usufruit sur une chose appartenant à un tiers ou à lui-même, soit en renonçant à un usufruit grevant le bien du successible. Ainsi, au jour du décès du donateur, on arrête le cours des intérêts, arrérages, loyers ou fermages ; ce qui est échu appartient au donataire ; ce qui ne l'est pas, reste à la succession. Les fruits naturels s'acquérant par leur perception (art. 585), ceux qu'il a perçus avant le décès du donateur lui appartiennent ; ceux qui, à la même époque, étaient pendants par branches ou racines, sont à la succession qui, seule, pourra les percevoir (Demolombe, IV, § 444 ; Aubry et Rau, V, § 631 ; Marcadé, art. 856, § 2).

L'usufruit étant un droit distinct des fruits mêmes, c'est un immeuble incorporel ; il y a donc lieu de faire l'application littérale de l'art. 856, en déclarant qu'ils sont dus à partir du jour de l'ouverture de la succession. (Marcadé, *loc. cit.*)

2° Une seconde conséquence est que les arrérages des rentes dont le successible a été gratifié par le défunt sont rapportables à partir de la même époque. Il n'y a aucune distinction à faire entre les rentes viagères ou perpétuelles, ni entre les rentes que le défunt s'était engagé à servir et celles dues par un tiers au défunt et dont celui-ci aurait fait donation à son successible. On a voulu soute-

nir, dans ce dernier cas, que si les arrérages échus n'a-
vaient pas été payés à la mort du testateur, le successible
donataire n'avait plus le droit de les réclamer. Mais cette
distinction arbitraire n'est admise ni par la doctrine, ni
par la jurisprudence; et Merlin, qui l'avait d'abord sou-
tenue, l'a lui-même abandonnée plus tard (Merlin, *Rap. à
succ.* § 4, art. 2, n° 9 ; Aubry et Rau, V, § 631 ; Demolombe, IV, §§ 441 et 442) ;

3° Et, malgré l'opposition de quelques auteurs et l'opinion contraire de l'ancien droit, pas de rapport, avant la
même époque, pour les concessions de fruits à prendre
pendant la vie du donateur, ainsi que pour les pensions
annuelles que le défunt s'est engagé à payer en argent ou
à fournir en nature à son successible. Il y a même raison
d'y appliquer l'art. 856, et nous opposons à nos adver-
saires cette seule espèce pour montrer l'iniquité de leur
doctrine : un père a deux filles, à l'une il donne 40,000
francs en dot ; au moment où l'autre va se marier, n'ayant
pas de capitaux disponibles, il lui constitue une pension
de 2,000 fr. pour lui faire un revenu égal à celui de sa
sœur ; voudra-t-on que cette dernière rapporte une somme égale à ces 2,000 fr. capitalisés pendant de longues
années, quand sa sœur ne devra rien de ses revenus? S'il
en était ainsi, l'équité serait violée de la façon la plus
criante.

Et qu'on ne dise pas que dispenser du rapport les fruits,
revenus, arrérages échus antérieurement au décès du *de
cujus*, le donataire d'un droit d'usufruit, de rente viagère

ou perpétuelle, etc., c'est anéantir à son égard l'obligation du rapport. Non, car le rapport consistera pour lui soit dans l'extinction du droit encore existant, soit dans le compte qu'il tiendra à ses co-héritiers, dans le partage des biens héréditairés, de la valeur de ce droit (Demante, t. III, n° 191 bis, 1).

Une conséquence de la règle posée par l'art. 856 c'est que les fruits et intérêts des choses sujettes à rapport sont dus de plein droit, et indépendamment de toute demande, du jour de l'ouverture de la succession. C'est une application de la règle *fructus augent hereditatem* (Aubry et Rau, V, § 634; Demolombe, IV, § 466; Duranton, t. VII, n° 390; Chabot, art. 862, n° 3).

L'héritier donataire, qui a affermé l'immeuble donné, en se réservant des droits d'habitation, d'usage, de chasse ou de pêche, doit rapporter la valeur estimative de ces droits, à compter du jour de l'ouverture de la succession (Paris, 6 juillet 1826; Poujol, t. II, p. 187).

La jurisprudence de la Cour de cassation permet aux tribunaux d'ordonner, suivant les cas, et en se conformant aux principes de l'égalité entre les co-partageants, la compensation entre les valeurs rapportables; en sorte qu'elles ne produisent de part et d'autre, ni fruits, ni intérêt. C'est là une solution équitable et qui n'est pas contraire aux principes (Cass. 19 juin 1852; id, 14 février 1852; Demolombe, t. IV, § 451 bis).

CHAPITRE VI

Dispense de rapport.

Aux termes des art. 843 et 844, le donateur ou testateur peut dispenser son successible du rapport de la donation ou du legs, mais ce dernier ne pourra le retenir que jusqu'à concurrence de la quotité disponible ; l'excédant sera sujet à réduction.

Il est évident que le disposant qui peut dispenser son successible de tout rapport soit en nature, soit en moins prenant, peut, à plus forte raison, le dispenser du rapport en nature seulement (Demolombe, IV, § 225 ; Demante, t. IV, n° 177 bis).

La dispense peut être accordée tant par l'acte même qui contient la donation ou le legs que par un acte postérieur revêtu des formes exigées pour les actes de dispositions entre-vifs ou testamentaires (art. 919). Ainsi, par exemple, un père qui a fait à son fils une donation sans préciput, peut très-bien le dispenser du rapport dans un acte postérieur.

Elle est parfaitement valable lorsqu'elle est consignée dans un testament. Contenue dans un acte postérieur, la dispense est toujours subordonnée à la disposition elle-même, et si elle est accordée dans un acte de dernière volonté, elle sera toujours révocable, quand même elle aurait trait à une donation entre-vifs (Aubry et Rau, V, § 632).

Quand la disposition et la dispense ont eu lieu ainsi par deux actes successifs, cette dispense ne peut avoir d'effet rétroactif au préjudice des droits irrévocablement acquis par les tiers pendant cet intervalle. Telle serait, par exemple, la déclaration du préciput, si depuis la première disposition et avant cette déclaration, le disposant avait fait, au profit d'une autre personne, une nouvelle disposition préciputaire (Grenier, t. II, n° 494; Chabot, art. 843 n° 8; Aubry et Rau, V, § 632; Demolombe, IV, § 228).

Nous pensons également, avec MM. Aubry et Rau (t. V, § 632, note 1), qu'un avantage qui résulte d'une convention à titre onéreux peut être dispensé du rapport par l'acte même qui le contient, quoique cet acte n'ait pas été passé avec les formalités requises pour la validité des dispositions entre-vifs. C'est ce qui arriverait, par exemple, dans l'hypothèse où un père, vendant à son fils pour 25,000 fr. un immeuble qui en vaut 40,000, déclare dans l'acte de vente que son intention est de le gratifier par préciput de la différence entre le prix stipulé et la véritable valeur de l'immeuble vendu. Cette solution n'est que l'application de la maxime *accessorium sequitur principale*, car la dispense n'est que l'accessoire de la donation. Vainement objecterait-on la disposition finale de l'art. 919, puisque cet article ne concerne pas l'hypothèse où l'acte, qui renferme la disposition, est le même que celui par lequel le donateur dispense du rapport son successible (Demolombe, IV, § 229).

D'après les art. 843 et 844, la dispense doit-être expresse ; le droit romain exigeait la même condition : *nisi expressim designaverit testator se velle non fieri collationem*, disait la Novelle 18 (chap. 6).

Par ces mots : la dispense doit être expresse, la loi veut dire que cette déclaration doit consister dans une manifestation non équivoque de la volonté du disposant ; le mot expressément veut dire la même chose que le mot latin *expressim*, dont se sert la novelle précitée, c'est-à-dire *evidenter*.

Les termes employés par la loi ne sont pas sacramentels ; l'intention du testateur doit ressortir clairement de la disposition ; il peut se servir, pour cela, de toute autre expression équipollente, propre à manifester sa volonté ; mais, dans le doute, cette intention de dispenser du rapport ne devrait jamais être présumée (Demante, t. III, n° 177 bis ; Demolombe, IV, § 232 ; Aubry et Rau, t. V, § 632).

Ainsi, par exemple, le testateur pourra employer les termes mêmes dont se servent les articles 843 et 919, ou bien dire que le donataire ou légataire cumulera la libéralité avec sa part dans la succession, ou bien qu'il ne sera pas tenu de remettre à la masse l'objet donné ou légué, etc. etc.; sa volonté n'en est pas moins évidente ni moins formelle.

La manifestation de volonté du disposant peut encore découler du contexte ou de l'ensemble des dispositions entre-vifs ou testamentaires du défunt, pourvu toutefois que cette volonté soit évidente, qu'elle soit inconciliable avec l'obligation de rapport, de telle sorte qu'en exigeant le rapport on se mette en opposition flagrante avec sa volonté. C'est ce qui aurait lieu, par exemple, si la disposition testamentaire était universelle. Comment douter, en effet, que celui qui a donné, à l'un de ses héritiers toute sa fortune, n'ait pas eu l'intention de l'avantager au préjudice des autres auxquels il ne laisse rien ? La disposition est donc incompatible avec l'idée de rapport qui suppose nécessairement un partage à faire entre ceux qui sont appelés à la succession, et cela, quand bien même les co-héritiers exerceraient, en vertu de leur droit de réserve, leur action en réduction : l'intention du défunt n'en serait pas moins formelle (Aubry et Rau, t. V, § 632 ; Demolombe, t. IV, § 242 ; Troplong, *Donat.* t. II, n° 883 ; Belost-Jolimont sur Chabot. art. 843, observ. I).

Il en serait de même encore, au cas où il aurait disposé à son profit de la quotité disponible (Caen, 16 novembre 1850, Sir. 51, 2, 415 ; Demolombe, IV, § 243).

Quid dans le cas où la substitution a pour objet une substitution fidéicommissaire autorisée par la loi ? La dispense de rapport ressortirait encore nécessairement de cette disposition ; comment, en effet, le grevé pourrait-il conserver l'objet de la substitution pour le rendre au substitué, s'il en devait le rapport à la succession ? Ce serait encore une obligation inconciliable avec celle du rapport. (Aubry et Rau et Demolombe, *loc. sup. cit.*)

La même solution devrait être appliquée lorsque la disposition est faite par voie de partage d'ascendant, soit entre-vifs, soit testamentaire. En effet, l'obligation de rapport, supposant nécessairement un partage à effectuer, il ne peut plus en être question pour les biens qui sont compris dans ce partage anticipé. Le rapport serait même tout à fait contraire à la volonté du disposant et au partage lui-même (Aubry et Rau, V, § 632 ; Demolombe, IV, § 248).

On le voit donc, la dispense quoique devant être expresse peut parfaitement être virtuelle.

Quant à la question de savoir si les donations déguisées sont ou ne sont pas dispensées du rapport, nous l'avons examinée plus haut et résolue dans le sens de la négative.

CHAPITRE VII

§ Ier

COMMENT S'EFFECTUE LE RAPPORT

Le but du rapport est la remise par l'héritier dans la succession de l'avantage qui lui provenait du défunt.

On arrive à ce résultat de deux manières : 1° En faisant rentrer dans la succession l'objet même qui a été donné ; c'est le rapport réel ; 2° en déduisant ce qu'a reçu le donataire sur ce qu'il a le droit de prétendre ; ce qui se fait en permettant aux héritiers de prélever une valeur égale à celle qu'il tient du disposant ; c'est le rapport fictif ou par équivalent.

Cette distinction était déjà exprimée par nos anciennes coutumes lorsqu'elles disaient : « Les enfants venant à la « succession des père ou mère doivent *rapporter* ce qui « leur a été donné ou *moins prendre.* » (Cout. de Paris, art. 304 ; Cout. d'Orléans, art. 306.)

Ces règles ne s'appliquent cependant qu'au rapport des dons. Quant au rapport des legs, on l'opère en laissant dans la masse de la succession l'objet légué, comme si la disposition testamentaire, qui établit le legs, n'existait pas.

Ainsi donc, comme nous le dit l'art. 858, le rapport se fait de deux manières, en nature ou en moins prenant. Le rapport en nature est la remise réelle de l'objet donné dans la succession.

Le rapport en moins prenant s'opère d'après les règles des art. 830 et 831, c'est-à-dire « en prélevant une por- « tion égale sur la masse de la succession. » Les prélève- ments se font, autant que possible, en objets de même nature, qualité et bonté, que les objets non rapportés en nature » (art. 830). « Après les prélèvements, il est pro- « cédé de ce qui reste dans la masse à la composition d'au- « tant de lots égaux qu'il y a d'héritiers copartageants « ou de souches copartageantes » (art. 831).

Il résulte de ces articles les deux conséquences sui- vantes : D'abord les cohéritiers, auxquels est dû le rap- port, doivent obtenir par le prélèvement autant qu'ils obtiendraient si les objets donnés étaient rapportés en nature. En second lieu, les prélèvements doivent s'exercer par voie d'attribution, sans tirage au sort. C'est ce qui résulte clairement de l'art. 831, qui porte que ce n'est qu'après les prélèvements qu'il y a lieu de composer les lots et de procéder au tirage au sort (Demolombe, IV, §§ 478 à 480).

Dans quels cas le rapport se fait-il en nature, dans quels cas en moins prenant ? Il faut, avant tout, pour sa- voir de quelle manière il doit se faire, considérer la na- ture de la chose qui a fait l'objet de la donation ; il faut, à cet égard, distinguer si elle est immobilière ou mobilière. Au premier cas, le rapport se fait généralement en nature ; au second cas, c'est-à-dire si la chose est mobilière, le rapport a toujours lieu en moins prenant.

Remarquons, en terminant ces principes généraux, que le rapport en moins prenant, lorsqu'il s'applique aux immeubles, est régi par des règles toute différentes de celles qui s'appliquent au rapport en moins prenant des meubles.

§ II

RAPPORT DES IMMEUBLES

Le rapport des immeubles ne peut, en général, être offert par le donateur qu'en nature, et réciproquement, il ne peut être exigé de lui, en général, qu'en nature.

Cette règle se retrouvait déjà parmi nos coutumes ; celle d'Orléans (art. 306), entre autres, disait que « les « héritages devaient être rapportés en essence et en es- « pèce. » « Ce qui a été prescrit, ajoutait Pothier, pour « établir une égalité parfaite, ce qui ne le serait pas, si l'on « pouvait conserver de bons héritages, pendant que les au- « tres n'auraient que de l'argent, dont ils auraient sou- « vent de la peine à faire un bon emploi. » (Pothier, *Des Success.*, ch. 4, art. 2, § 7.)

Deux principes régissent toute la matière :

1° Le successible donataire d'un immeuble en est propriétaire sous cette condition résolutoire, que la donation sera révoquée, c'est-à-dire considérée comme n'ayant jamais existé, *s'il devient héritier du donateur*. La condition est-elle réalisée, il est alors réputé comme n'ayant jamais été propriétaire. Ne l'est-elle pas, il n'a aucun rapport à faire, son droit de propriété devient irrévocable.

2° Le donataire de l'immeuble en est débiteur envers la succession sous cette condition suspensive : *s'il devient et s'il reste héritier du donateur*. L'obligation du rapport a donc pour objet non pas la valeur de l'immeuble, mais l'immeuble lui-même ; c'est ce qu'exprime la loi lorsqu'elle dit que le rapport des immeubles se fait en nature. Ainsi le donataire d'un immeuble est envers la succession du donateur débiteur d'un corps certain ; c'est-à-dire que l'immeuble doit être considéré comme n'étant pas sorti des biens du défunt, comme lui appartenant toujours, de telle sorte que la donation est censée n'avoir jamais été faite.

De ces principes découlent des conséquences importantes relativement aux risques de l'immeuble (art 855), relativement aux augmentations ou aux diminutions de valeur qui peuvent y survenir (art. 861 à 864 et 867), et relativement aux charges réelles qui peuvent grever l'immeuble du chef du donataire (art. 865).

A. *Risques*. — Aux termes de l'art. 855, « l'immeuble, « qui a péri par cas fortuit et sans la faute du donataire,

« n'est pas sujet à rapport.» Décision très-juste ; en effet, ou bien l'immeuble a péri par cas fortuit avant l'ouverture de la succession, alors l'obligation de rapport, n'ayant plus d'objet, n'a pu prendre naissance; c'est une application de l'art. 1182 ainsi conçu : « Si la chose est entiè-« rement périe sans la faute du débiteur, l'obligation est « éteinte ». Ou bien la perte n'est arrivée qu'après l'ouverture de la succession, alors encore le débiteur de ce corps certain est libéré de son obligation de rapport conformément au droit commun (art. 1302).

Cette solution, avons-nous dit, est tout à fait conforme à l'équité. En effet, le rapport n'ayant pour but que de garantir l'égalité entre les cohéritiers, en leur assurant l'obtention de ce qu'ils auraient eu si la libéralité n'avait pas été faite, on ne pouvait donc exiger ce rapport pour l'immeuble qui vient à périr entre les mains de l'héritier donataire par un cas fortuit qu'on ne peut lui imputer (Demolombe, IV, § 487 ; Aubry et Rau, V, § 634).

Mais, bien entendu, si la destruction provient de la faute du donataire, ou lui était imputable, il est clair que ce dernier devrait le rapport. Ce serait à l'héritier débiteur du rapport à prouver que l'immeuble a péri par cas fortuit, et, par contre, c'est aux cohéritiers à prouver que la perte de l'objet est à imputer à l'héritier débiteur du rapport.

La même solution, que dans l'hypothèse de perte par cas fortuit, devrait être admise si une maison sujette à rapport avait été détruite par incendie, pourvu toutefois que l'héritier donataire parvienne à établir que cet incendie ne peut en rien lui être imputé à faute ; c'est l'art. 1137 qu'il faut appliquer ici et non la responsabilité exceptionnelle de l'art. 1733 qui ne règle que les relations entre preneur et bailleur et nullement celles qui existent entre l'héritier donateur et ses cohéritiers (Aubry et Rau, V, § 634 ; Demolombe, t. IV, § 489).

Quid dans le cas où l'immeuble était assuré ? L'héritier devrait-il rapporter l'indemnité fournie par la compagnie d'assurance ? Nous ne le pensons pas. L'indemnité, en effet, due par la compagnie d'assurances n'est pas comparable à un prix de vente ; elle n'est pas la représentation de l'immeuble incendié ; elle n'est que l'équivalent de la chance aléatoire que court l'assuré en payant une prime pour laquelle il ne touchera rien, si aucun incendie ne vient détruire l'immeuble. Au surplus, l'art. 855, qui est fondé sur la maxime *Debitor rei certæ ejus interitu liberatur* est trop précis pour que l'on puisse admettre une solution contraire à la généralité de ses termes (Aubry et Rau, t. V, § 634, note 11 ; Demolombe, IV, § 491).

B. *Augmentations et diminutions.*— Les augmentations et diminutions de valeur, qui sont survenues sans la faute ou le fait du donataire, sont au compte de la succession ; tant mieux pour elle si l'immeuble a gagné ; tant pis s'il a perdu de valeur ; car s'il était resté entre les mains du donateur, c'est pour lui qu'il aurait diminué ou augmenté.

La loi a déterminé dans les art. 861 et 862 les règles

qu'il fallait suivre lorsque des impenses, des améliorations ou détériorations proviennent du fait de l'héritier donataire.

Réparations. — Il faut distinguer, parmi les réparations, entre celles qui ont été nécessitées par la conservation même de l'immeuble, ou réparations nécessaires et celles qui ne sont que de simple entretien. Ces dernières restent au compte de l'héritier, cela est clair, car elles sont la charge naturelle des fruits perçus par lui (art. 605).

Quant aux réparations qu'a nécessitées la conservation de l'immeuble, ou grosses réparations, il doit en être tenu compte à l'héritier alors même qu'elles n'auraient pas amélioré le fonds (art. 862). En conservant l'immeuble, elles ont enrichi la succession. Il faudrait même aller plus loin et dire qu'elles seraient dues à l'héritier quand même un cas fortuit aurait, par la suite, détruit l'immeuble qui les a nécessités. Le donateur les aurait faites lui-même, la somme dépensée ne se serait plus trouvée dans sa succession ; si donc la donation ne doit pas nuire aux cohéritiers du donataire, elle ne doit pas non plus leur profiter.

Il est bien entendu que, dans cette hypothèse, la somme à rembourser au donataire, est « de ce qu'il en a coûté « ou dû coûter », comme le disait Pothier (Pothier, *Des Success.*, ch. 4, art. II, § 7 ; Demolombe, IV, § 494).

Quant aux impenses utiles, c'est-à-dire celles qui, quoique n'étant pas nécessaires, ont cependant amélioré l'immeuble, la succession n'en devra pas compte en totalité ; elle ne devra les payer que jusqu'à concurrence du bénéfice qu'elle en aura retiré, *quatenus locupletior facta est*, pourvu que la plus-value existe encore à une certaine époque. Mais quelle époque ? Celle du partage, répond l'art. 861.

L'application de cet article peut conduire à de graves inconséquences. En effet, d'après ces termes, il résulte que le donataire n'a rien à réclamer si la plus-value, qui existait au moment de l'ouverture de la succession, a, par suite d'un cas fortuit, disparu dans l'intervalle de cette époque jusqu'à celle du partage.

Ainsi, par exemple, un immeuble sur lequel des dépenses ont été faites, valait 1,000 fr. quand le donataire l'a reçu, il en vaut 2,000 au moment de l'ouverture de la succession. Mais dans l'intervalle de cette époque à celle du partage, cette plus-value est enlevée par suite d'un cas fortuit ; l'immeuble est ramené à sa valeur primitive de 1,000 fr. L'héritier donataire ne peut pas réclamer l'indemnité de 1,000 fr. qui est l'équivalent de la plus-value de l'immeuble, l'art. 861 s'y oppose. Il est vrai que l'on tombe dans l'inégalité et dans une injustice choquante en adoptant cette théorie ; mais comment faire autrement, comment pourrait-on la rejeter en présence de la rédaction si formelle et si claire de l'art. 861 ?

La succession ne doit pas rembourser le montant des impenses voluptuaires à leur auteur, car elles n'augmentent en rien la valeur de l'immeuble ; la succession n'en a pas profité. Seulement doit-on permettre au donataire d'enlever tout ce qui peut l'être sans préjudice, *sine lae-*

sionis prioris status rei (Pothier, *Succession*, IV, art. 2, § 7).

Dégradations, détériorations. — Comme les dégradations et détériorations, qui proviennent de la faute, du fait ou de la négligence du successible donataire, diminuent la valeur de l'immeuble, il est juste qu'il en soit responsable, jusqu'à concurrence de ce dont la valeur de l'immeuble se trouve diminuée (art. 863) ; car l'obligation éventuelle de rapport entraînait pour lui celle de veiller à la conservation de l'immeuble. Mais quelle époque faut-il considérer pour calculer le quantum des indemnités dues par suite de ces dégradations ou détériorations? C'est encore l'époque du partage (art. 874, cbn. art. 861). Ce principe n'est que l'application d'un autre plus général d'après lequel c'est au moment de la formation des lots et d'après leur valeur actuelle que les biens de la succession doivent être estimés. Si les détériorations et dégradations proviennent du défaut de grosses réparations en temps utile, le donataire en serait responsable ; car il est tenu des impenses nécessaires sauf indemnité, et les grosses réparations sont évidemment de ce nombre. Qu'on ne compare pas le donataire à l'usufruitier pour soutenir que, comme ce dernier, il n'est pas tenu de faire les grosses réparations, car cette assimilation manque d'exactitude, il a plus de droits que lui, puisqu'il peut aliéner. Au surplus, en cas d'usufruit, le nu-propriétaire doit veiller lui-même à la conservation de l'immeuble qui lui appartient, notamment en ce qui concerne les grosses réparations, tandis qu'en cas d'avancement d'hoirie, il n'en est plus de même ; l'obligation de veiller à la conservation de l'immeuble pèse uniquement sur le donataire (Aubry et Rau, V, § 634, note 16 ; Demolombe, t. IV, § 499 ; Chabot, t. III, p. 489 ; Delvincourt, t. II, p. 338, note 8).

Du principe que la perte fortuite de l'immeuble avant l'ouverture de la succession éteint l'obligation de rapport, il résulte 1° que la succession ne peut réclamer aucune indemnité contre le donataire, à raison de ses dégradations, et 2° que le donataire ne peut réclamer aucune indemnité à raison de ses impenses. A l'inverse, si la perte avait eu lieu après l'ouverture de la succession, l'obligation aurait pris naissance, elle existerait, et il en résulterait 1° que le donataire pourrait réclamer à la succession le montant de ses impenses avec les distinctions que nous avons faites plus haut ; et 2° que la succession aurait le droit de demander au donataire une indemnité à raison des dégradations et détériorations qu'il aurait commises à l'immeuble (Demolombe, IV, §§ 500 et 501 ; Demante, t. III, n° 197 *bis*, VII).

L'art. 867 autorise le donataire successible à retenir l'immeuble donné jusqu'au remboursement des sommes qui lui resteraient dues pour impenses, déduction faite toutefois de celles dont il serait débiteur envers la succession pour dégradations ou détériorations. Ce gage légal, ce droit de rétention n'est qu'une application de cette règle d'équité qui veut qu'un débiteur ne puisse pas être forcé d'exécuter son obligation, tant que son créancier n'exécute pas lui-même les obligations corrélatives qui sont à sa charge.

Certaines coutumes, entre autres celle de Paris (art. 305) et celle d'Orléans (art. 306), n'accordaient au donataire que ce moyen, c'est-à-dire le droit de rétention, pour recouvrer les impenses qu'il avait faites ; il était autorisé à retenir l'immeuble et le rapport alors se faisait en moins prenant. « Si lesdits cohéritiers, disaient ces deux coutumes, ne veulent rembourser lesdites impenses, en ce cas, le donataire est tenu de rapporter seulement l'estimation d'iceux héritages, eu égard au temps que division et partage est fait entre eux, déduction faite desdites impenses. » (Pothier, *Des Succ.*, IV, art. 2, § 7.)

Sous l'empire du Code, le donataire n'a plus la faculté de faire le rapport en moins prenant, il n'est autorisé qu'à garder l'immeuble jusqu'au parfait paiement des impenses qu'il a faites ; il en résulte que cet art. 867 n'est qu'une faculté pour le donataire ; il pourrait cependant toujours poursuivre le paiement de ses créances par les voies ordinaires, et même exercer ses poursuites après avoir rapporté l'immeuble à la succession.

Le donataire ne serait pas autorisé à conserver les fruits qu'il aurait perçus depuis l'ouverture de la succession. Mais il pourrait les compenser, jusqu'à due concurrence, avec les intérêts de la somme qui lui serait due pour améliorations ou impenses nécessaires. Chabot (art. 867, n° 2) assimile le donataire à un véritable possesseur de bonne foi ; aussi lui attribue-t-il les fruits produits par l'immeuble depuis l'ouverture de la succession. Mais c'est là une confusion évidente entre la simple détention et la possession de bonne foi (Aubry et Rau, V, § 654 ; Duranton, t. VII, n° 390 ; Demolombe, IV, § 504).

C. Charges réelles grevant l'immeuble du chef du donataire. — Nous avons vu, au commencement de ce chapitre que l'héritier cessera d'être propriétaire de l'objet de la donation s'il devient héritier du donateur. La condition vient-elle à s'accomplir, son droit de propriété doit se résoudre et est censé n'avoir jamais existé, s'il possède encore l'immeuble lors du décès du donateur. Il en résulte que toutes les charges réelles, hypothèques ou servitudes établies par l'héritier sont à considérer comme non-avenues ; cette décision est une conséquence de la règle *Soluto jure dantis, solvitur jus accipientis* (art. 865).

Delvincourt (II, p. 41) prétend que le rapport en nature ne révoque pas les servitudes réelles, l'usufruit établis par le donataire, mais seulement les hypothèques conférées par lui. Celui qui peut aliéner la propriété, dit-il, peut, *a fortiori*, aliéner un de ses démembrements ; le rapport se fera alors en moins prenant, par application de l'art. 859. Cet argument ne nous touche pas ; en effet, Delvincourt reconnaît lui-même que le droit d'aliéner n'entraîne pas ici le droit de donner une hypothèque, qui est pourtant aussi un démembrement, une distraction des droits du propriétaire sur sa chose. Bien plus, cet argument est repoussé par le texte même de l'art. 859 qui n'admet le rapport en moins prenant que lorsque l'immeuble a été aliéné par le donataire ; or, ces expressions s'appliquent évidemment à une aliénation proprement dite, à une aliénation de la propriété et non à une simple constitution de servitude ; cela n'est pas douteux puisque l'art. 865 déclare résolues *toutes charges réelles*, ce qui s'applique aussi bien aux hypothèques qu'aux servitudes, car qui dit tout n'excepte rien (Aubry et Rau, V, § 634 ; Demolombe, IV, § 507 ; Marcadé, art. 865 ; Duranton, VII, § 507).

Par exception, les charges réelles ne sont pas résolues : 1° lorsque le rapport de l'immeuble se fait en moins prenant. Cela est évident ; l'art. 865 n'est applicable qu'au cas où il se fait en nature ; 2° lorsque le rapport, ayant lieu même en nature, l'immeuble tombe, par le partage, dans le lot de l'héritier qui l'avait rapporté. En effet, si la loi rescinde les charges créées par le donataire, c'est dans l'intérêt de ses co-héritiers ; si donc l'immeuble revient entre les mains du donataire, cette résolution n'a plus de cause, leur intérêt est sauvegardé, *cessante causa, cessat effectus*. Comment comprendrait-on du reste que la loi révoquât le droit dont le donataire est investi, pour le lui rendre aussitôt libre de toutes charges réelles, servitudes ou hypothèques par lui consenties ? Cette solution est parfaitement conforme aux principes : l'héritier a été propriétaire jusqu'au jour de l'ouverture de la succession, la fiction de l'art. 883 le répute avoir succédé directement au défunt ; il n'a donc pas, en droit, cessé d'être propriétaire, car la résolution qui résultait du rapport en nature n'était elle-même que conditionnelle et subordonnée à l'événement du partage ; or, lorsque l'immeuble rapporté en nature tombe au lot du donataire, la condition à laquelle était subordonnée la résolution de son droit n'est pas accomplie ; donc son droit de propriété n'a péri à aucun moment (Aubry et Rau, V, § 509, t. IV ; Duranton, VII, 404 : Marcadé, art. 805).

Les intéressés, c'est-à-dire tous ceux auxquels le donataire a consenti des charges réelles, sont autorisés à intervenir au partage pour s'opposer à ce que le rapport se fasse en fraude de leurs droits. Le but de la loi, en leur permettant d'assister au partage, est de leur donner le moyen de veiller à ce que le rapport n'ait pas lieu en nature, s'il peut avoir lieu en moins prenant, à ce que, si le rapport a lieu en nature, les co-héritiers s'entendent pour faire tomber l'immeuble grevé dans le lot de l'héritier auteur des charges consenties sur cet immeuble (art. 865).

§ III

EXCEPTIONS A LA RÈGLE QUE LE RAPPORT DES IMMEUBLES SE FAIT EN NATURE

La règle que le rapport des immeubles doit se faire en nature reçoit quatre exceptions :

1re *Exception*. Aux termes de l'art. 859 le rapport des

immeubles peut être exigé en nature « toutes les fois que
« l'immeuble donné n'a pas été aliéné par le donataire », et
l'art. 860 « le rapport n'a lieu qu'en moins prenant quand
« le donataire a aliéné l'immeuble avant l'ouverture de la
« succession ; il est dû de la valeur de l'immeuble, à l'époque de l'ouverture de la succession ». Ces deux textes,
comme on vient de le voir, se complètent l'un l'autre. Remarquons toutefois que cette solution, quoique n'étant pas
parfaitement conforme aux principes, a cependant pour elle,
le mérite d'être équitable. Le donataire, nous objecte-t-on
cependant, n'ayant qu'une propriété résoluble, n'a pu
transférer qu'une propriété résoluble comme la sienne.
Cet argument est très-sérieux, surtout si l'on se rappelle
que les charges réelles créées par le donataire sont affec-
tées de ce même droit de résolution. Pourquoi donc cette
différence entre la propriété et les charges réelles ? La réponse n'est pas facile ; il est vrai que cette solution existait déjà dans l'ancien droit, où nos rédacteurs n'ont fait
que la copier, et Pothier lui-même reconnaissait la difficulté, lorsqu'il disait à ce propos : *Res inter cohæredes,
non sunt amare tractæ* (*Des Success.* IV, art. 2, § 7). Il y
a là sans doute une exception aux règles du droit commun. Mais les législateurs ne pouvaient oublier les égards
que méritent les possesseurs ; ils ont voulu d'abord pré-
server les héritiers des recours en garantie et les tiers
acquéreurs des évictions, car ils comprenaient bien que
personne ne voudrait traiter avec celui qui ne pourrait
transmettre qu'un droit incertain et voilà pourquoi ils

ont défendu une rescision qui aurait été la cause de troubles considérables. L'intérêt public, du reste, commandait cette solution, car on ne pouvait pas mettre hors de la circulation le grand nombre d'immeubles qui se seraient trouvés dans cette situation.

Il faut cependant remarquer que si l'aliénation avait été faite après l'ouverture de la succession, les cohéritiers du donataire seraient en droit de faire figurer l'immeuble au partage. Une fois la succession ouverte, l'immeuble est devenu bien héréditaire, bien indivis, et il ne peut dépendre de l'un des héritiers de lui faire perdre ce caractère en l'aliénant (Aubry et Rau, § 634 ; Demolombe, IV, § 513 ; Duranton, VII, n° 382 ; Demante, t. III, n° 195 *bis*, II).

Il n'y aurait pas lieu de distinguer si l'aliénation était à titre onéreux ou gratuit ; les art. 859 et 860 ne font aucune différence. S'il en était autrement, on aurait offert à l'héritier un moyen facile de révoquer lui-même la donation entre-vifs qu'il aurait faite (Aubry et Rau, *loc. cit.*; Demolombe, § 514 ; Chabot, art. 859, n° 2).

Le rapport en nature ne pourrait avoir lieu alors même que l'immeuble aliéné excéderait la valeur de la portion héréditaire qui doit revenir à l'héritier, quand bien même ce dernier serait insolvable, sauf toutefois le cas où la quotité disponible serait dépassée ; dans cette hypothèse, les cohéritiers réservataires du donataire, en cas d'insolvabilité de sa part, auraient le droit de revendiquer l'immeuble aux termes de l'art. 930. (Aubry et Rau, Demolombe, *loc. cit.*)

Dans le cas prévu par l'art. 860, c'est-à-dire lorsque l'immeuble a été aliéné par le donateur avant le décès du *de cujus*, comme à raison de la protection accordée par la loi aux tiers acquéreurs, il se trouve dans l'impossibilité légale de rapporter cet immeuble en nature, l'obligation de rapport se transforme en une obligation de rapporter une somme équivalente à sa valeur au moment de l'ouverture de la succession (art. 860). On ne considère pas ici le prix que le donataire en a retiré ; qu'il soit très-élevé ou très-bas, le résultat sera toujours le même ; la succession recevra en argent la valeur qu'elle aurait reçue en nature si l'immeuble n'avait pas été aliéné.

Si l'immeuble a péri par cas fortuit entre les mains du tiers acquéreur, le donataire se trouve libéré de toute obligation de rapport et n'est pas même tenu de restituer le prix qu'il a reçu ; car si l'immeuble n'avait pas été aliéné il aurait évidemment péri pour le compte de la succession, et les cohéritiers du donataire ne pourraient recueillir le bénéfice d'un fait qui leur est étranger. Ce n'est là qu'une application des art. 855 et 860. Et ce n'est d'ailleurs qu'une conséquence fort logique de ce que l'aliénation est à l'égard des cohéritiers du donataire, *res inter alios acta*. Le donataire est toujours considéré comme débiteur d'un corps certain aux yeux de ses cohéritiers (Aubry et Rau, § 634 ; Demolombe, IV, § 518 ; Duranton, t. VII, n° 392 ; Demante, t. IV, n° 190 *bis*, II).

Cependant si l'aliénation de l'immeuble avait été le résultat d'une expropriation pour cause d'utilité publique ou d'une licitation, le donataire devrait l'indemnité ou la soulte qu'il aurait reçue, alors même qu'il aurait péri plus tard par cas fortuit (Aubry et Rau, § 634, t. V, notes 35 et 36).

Il est bien évident que si l'immeuble avait péri par cas fortuit depuis l'ouverture de la succession, l'obligation de rapporter une somme d'argent aurait existé, et, par conséquent, constituerait une dette invariable.

Si l'immeuble, après avoir été aliéné, rentrait, avant l'ouverture de la succession, dans le patrimoine du donataire, sans que les droits des tiers fussent lésés, le rapport s'en ferait en nature (Aubry et Rau, *loc. cit.*; Demolombe, IV, § 522; Duranton, t. VII, n° 383).

2e *exception.* — Le rapport se fait encore en moins prenant « lorsqu'il y a, dans la succession, d'autres immeubles de même nature, valeur et bonté, dont on puisse former des lots à peu près égaux pour les autres cohéritiers » (article 859). Solution conforme à l'équité, car personne ne souffre, et le donataire peut avoir grand intérêt à conserver l'immeuble qu'il détient ; chacun de ses cohéritiers, du reste, reçoit un lot égal au sien.

Faisons remarquer que, dans cette hypothèse, le rapport en moins prenant serait purement facultatif pour le donataire, car ce dernier pourrait aussi avoir intérêt à faire le rapport en nature, dans le cas, par exemple, où il voudrait avoir un autre immeuble qui lui conviendrait mieux que celui qu'il a déjà reçu.

Les mots *de même nature, valeur et bonté*, dont se sert

l'art. 859, ne doivent pas être pris à la lettre. Ils ne veulent pas dire que les biens doivent être absolument de la même espèce que ceux qui se trouvent dans la succession ; ils ne signifient pas bois pour bois, ferme pour ferme, etc., etc. L'art. 859 se contente d'une certaine égalité ; il lui suffit que les lots soient à peu près égaux ; une faible différence entre eux n'apporte aucun obstacle au rapport en moins prenant.

3e exception. — Le rapport ne peut avoir lieu en nature lorsque l'immeuble, qui y était sujet, a péri par la faute du donataire. Il se fait suivant la valeur qu'aurait eu l'immeuble lors de l'ouverture de la succession, s'il eût encore existé à cette époque (Aubry et Rau, V, § 634 ; Chabot, art. 855, n° 6).

4e exception. — Enfin le rapport n'est pas dû en nature lorsque le donateur a laissé au donataire la faculté de le retenir en payant sa valeur ou une somme déterminée.

Le donateur peut exprimer sa volonté de deux manières : 1° Ou bien il a pu accorder au donataire la faculté de retenir l'immeuble moyennant sa valeur ou une somme déterminée. Le rapport en moins prenant ne serait alors pas obligatoire pour le donataire, il serait *in facultate solutionis*. Aussi, s'il venait à périr par cas fortuit avant l'ouverture de la succession, le donataire serait libéré de toute obligation de rapport, puisque l'objet de cette obligation aurait péri. Ou bien : 2° le donateur a imposé au donataire l'obligation de rapport en moins prenant dans tous les cas et à tout événement, de telle sorte qu'il devient propriétaire incommutable de l'immeuble, à la charge de payer une somme déterminée ou sa valeur ; il y aura alors un forfait et il en résulterait que si l'immeuble venait à périr avant l'ouverture de la succession, le donataire ne serait pas libéré de l'obligation de rapporter cette somme. Il ne pourrait même plus offrir le rapport en nature, comme on ne pourrait plus l'exiger de lui (Demolombe, IV, § 527). Il serait toujours débiteur d'une somme d'argent invariable ; dès lors ce serait la théorie du rapport des meubles qu'il faudrait appliquer ici.

Ce n'est plus qu'une simple question de fait que celle de savoir laquelle de ces deux hypothèses sera réalisée ; les circonstances de chaque espèce, l'intention du *de cujus* et les clauses de la donation seront les meilleurs guides à ce sujet.

Espèce prévue et réglée par l'art. 866.—Cet article supposant qu'un immeuble a été donné avec dispense de rapport, règle le rapport de l'*excédant*, au cas où sa valeur excéderait la quotité disponible. Tout d'abord le mot *rapport* dont se sert cet article n'est pas exact, c'est *réduction* qu'il aurait dû dire ; car les libéralités faites par préciput ne sont pas *rapportables*, mais *réductibles*.

Ainsi donc, bien qu'il n'y ait pas lieu à un rapport proprement dit, il y aura toujours une remise à faire dans la succession, la remise de la portion qui excède la quotité disponible, et c'est cette remise que règle notre article. Cet article distingue deux cas : 1° Ou bien le retranchement de cet excédant peut se faire commodément ; tel est,

par exemple, le cas où l'immeuble est une prairie ; la remise se fera alors en nature. Mais ce rapport devra-t-il
être effectué nécessairement en nature ? Non ; on appliquera la théorie générale du rapport des immeubles avec
toutes les exceptions auxquelles elle peut être sujette. Le
premier alinéa de l'art. 866 n'est pas impératif (Aubry et
Rau, t. V, § 634 ; Demolombe, IV, §§ 530 et 531 ; Ducaurroy, Bonnier et Roustaing, t, II, n° 733). ; 2° Ou bien
la séparation est impossible, ou ne peut pas se faire commodément, c'est-à-dire sans dépréciation notable pour
l'immeuble, alors on fera application de la règle *major
pars trahit ad se minorem.* On sort ici du droit commun,
d'après lequel il y aurait lieu, si l'espèce n'était pas prévue par cet article, à licitation de cet immeuble imparta-
geable.

Ainsi, l'immeuble entier restera au donataire, sauf indemnité pour la succession, si la partie valablement donnée est plus considérable que la partie à retrancher
comme appartenant à la réserve ; il reviendra, au contraire, tout entier encore à la succession, sauf indemnité
pour l'héritier, si la portion à retrancher est plus forte que
la part disponible (Demolombe, IV, § 534).

Mais si la valeur de la portion disponible n'était ni supérieure, ni inférieure à celle de la partie à retrancher,
que faudrait-il décider ? Quelques auteurs prétendent que
le juge aurait à statuer d'après les circonstances, et qu'il
devrait se guider d'après l'intérêt le plus grand. Tel n'est
pas notre avis ; en effet, l'art. 866 est évidemment une

exception aux principes généraux qui veulent que l'on recoure à la licitation ; or, du moment que l'exception ne peut être appliquée, il faut nécessairement retourner à la règle générale (Demolombe, *loc. cit.*; — *Contra*, Marcadé, art. 866).

Chaque fois que le rapport s'effectue en moins prenant sur le pied de la valeur de l'immeuble à l'époque de l'ouverture de la succession, il faut évidemment pour fixer cette valeur tenir compte des impenses utiles ou nécessaires faites par le donataire, ainsi que des détériorations ou dégradations dont il est responsable, conformément aux règles des art. 861 à 863 ; c'est ce qui ressort des mots *dans tous les cas*, dont se sert l'art. 861.

§ IV

DU RAPPORT DES MEUBLES

Le rapport des meubles se fait toujours en moins prenant. L'art. 868 qui le décide est ainsi conçu : « Le rap-« port du mobilier ne se fait qu'en moins prenant, il se « fait sur le pied de la valeur du mobilier lors de la dona-« tion, d'après l'état estimatif annexé à l'acte, et, à défaut « de cet acte, d'après une estimation par experts, à juste « prix et sans crue ».

Ainsi donc le donataire ne pourrait pas exiger de ses

cohéritiers, ni ceux-ci exiger de lui que le rapport se fît
en nature : cela résulte des termes absolus de la loi : *le
rapport ne se fait qu'en moins prenant.*

La loi, en le décidant ainsi, a été très-sage. En effet,
comment eût-il été possible de rapporter en nature des
meubles dont on ne peut faire usage sans les consommer?
ou même des meubles qui se détériorent plus ou moins
vite par l'usage, et qui, par conséquent, sont sujets à une
dépréciation rapide?

Le donataire acquiert donc, dès le jour de la donation,
la propriété incommutable des meubles qui font l'objet
de cette donation, et contracte l'obligation de rapporter,
s'il accepte la succession du donateur, non pas les objets
mêmes qui lui ont été donnés, mais une somme représentative de leur valeur. Son obligation a donc pour objet
non pas un corps certain, un objet individuellement déterminé, mais une quantité, une somme d'argent. Il en
résulte que les meubles sont, dès le moment de la donation, à ses risques : tant mieux pour lui s'ils ont augmenté,
mais tant pis s'ils ont diminué de valeur. De même encore, la perte même de ces meubles par cas fortuit ou
leur enlèvement par suite de vol, sont encore à son
compte, c'est ce que nous pouvons induire par argument
a contrario de l'art 855, qui nous dit : « L'immeuble qui
« a péri par cas fortuit n'est pas sujet à rapport. »

C'est donc une somme représentative de la valeur des
meubles donnés à l'époque de la donation dont est débiteur le donataire envers la masse partageable. Cette

somme doit être fixée et constatée dans un état estimatif annexé à la minute de la donation.

Mais si cet état estimatif n'existait pas, la valeur des meubles devrait être déterminée à juste prix et sans crue (1). Comme cette estimation est appelée à remplacer l'état estimatif manquant, il est clair qu'elle doit être faite également d'après la valeur que les meubles donnés pouvaient avoir à l'époque de la donation.

Mais, peut-on dire, si les libéralités mobilières ne sont valables qu'autant qu'on a eu soin d'annexer à la minute de l'acte un état estimatif des objets donnés, il n'est pas nécessaire de prévoir le cas où cet état n'existe pas. Car de deux choses l'une : ou il existe, alors il est inutile de faire une expertise ; ou il n'existe pas, et alors la donation étant nulle, aux termes de l'art. 498, il ne peut plus être question de rapport. On répond que la libéralité est parfaitement valable, et, par conséquent, l'expertise nécessaire dans plusieurs cas : lorsqu'il s'agit, par, exemple, d'une donation effectuée au moyen d'une tradition des

---

(1) *Crue.* Un édit de Henri II, de février 1556, ayant rendu les estimateurs garants de leur prisée, ceux-ci pour se mettre à l'abri, avaient soin d'estimer les meubles au-dessous de leur valeur vénale, et de là vint l'habitude d'ajouter au chiffre de l'estimation une augmentation qui était généralement du quart. On l'appelait *crue, plus-value, parisis,* etc. — Aujourd'hui que les experts ne craignent plus de voir rester à leur compte les meubles par eux estimés, il n'y a plus de raison de croire qu'ils les estiment au-dessous de leur valeur, et le législateur a dû proscrire l'usage de la crue (Marcadé, sur l'art. 825).

10 S.

objets ou donation manuelle, ou bien lorsque la donation
est indirecte, ou bien encore l'état estimatif peut parfaitement être détruit ou égaré (Aubry et Rau, V, § 634;
Demolombe, IV, § 542; Demante, t. III, n° 201 *bis*, II;
— *Contra*, Chabot, art. 868, art. 4).

Même dans le cas où un état estimatif aurait été annexé
à l'acte de donation, si l'estimation était réellement inférieure à la valeur réelle des meubles, les cohéritiers
pourraient cependant demander une estimation par
experts.

Une question délicate s'est présentée ; c'est celle de savoir si le donataire devra la valeur du mobilier à l'époque
de la donation lorsque le donateur s'en est réservé l'usufruit. Le texte de l'art. 868 semble formel, mais nous
pensons qu'il faut avoir en vue ici le profit qu'a retiré le
donataire. Or, l'avantage résultant de la donation était
diminué chaque jour par l'usage que le donateur faisait
des meubles ; nous pensons donc qu'il est plus équitable
de n'exiger le rapport de la valeur des meubles qu'à l'é-
poque où le donataire a pu en jouir. Il en serait encore
de même si l'usufruit concédé appartenait à un tiers au
moment de la donation (Aubry et Rau, V, § 634; Demolombe, IV, § 544 ; Duranton, n° 406 ; Duvergier sur
Toulier, t. II, note *a*, n° 490).

L'art. 868 s'applique-t-il seulement aux meubles corporels, ou bien comprend-il encore les meubles incorporels? On a soutenu que le Code ne comprenait pas, dans
l'art. 868, les meubles incorporels, parce que, a-t-on dit,

les motifs qui ont fait admettre cette règle pour les meubles corporels n'existaient plus pour les meubles incorporels. En effet, a-t-on ajouté, ces derniers ne sont pas sujets à dépréciation comme les premiers, et c'est ce qui résulte encore du texte même de la loi qui exige un état estimatif du mobilier donné ; or, cet état estimatif n'est exigé précisément par l'art. 948 que pour les effets mobiliers corporels ; eux seuls sont susceptibles d'une évaluation par expert et sans crue. Il faut donc en conclure que comme le Code n'a parlé nulle part des meubles immatériels, on doit suivre pour eux ce principe que ceux-là même qui ont été donnés doivent être rapportés (Marcadé, art. 868, n° 2 ; Delvincourt, t. II, p. 42, note7 ; Malpel, n° 287 ; Toulier, t. III, p. 371).

Nous ne pensons pas que cette solution soit la bonne et nous croyons, au contraire, que l'art. 868 est applicable indistinctement aux meubles corporels et aux meubles incorporels, aux créances, par exemple, et aux rentes sur l'Etat ou sur les particuliers. En effet, l'art. 868 ne fait aucune distinction et le terme *mobilier* dont il se sert, pris évidemment en opposition avec le mot *immeuble* dont se servent les art. 859 à 867, montre bien certainement que l'intention du législateur a été de comprendre sous le nom de mobilier tous les meubles sans distinction. Au surplus, on ne saurait admettre le système contraire sans supposer que le législateur a oublié de réglementer le rapport des meubles incorporels ; or, un tel oubli, portant sur des choses si connues et d'une si grande importance n'est pas présumable (Aubry et Rau, § 634 ; Demolombe, t. IV, § 547 ; Demante, t. III, n° 201 *bis* ; Ducaurroy, Bonnier et Roustaing, t. II, n° 736).

Cette règle est très-facile à appliquer pour tous les droits ou effets cotés, tels que actions de la Banque, des chemins de fer, rentes sur l'État, actions et obligations dans les compagnies financières ou d'industrie, etc.

Quant aux rentes sur des particuliers, il faut s'en remettre à l'évaluation de l'état estimatif qui s'y trouve annexé ou, à son défaut, à une estimation par experts.

La même règle est encore applicable aux créances ordinaires ; c'est du montant de l'estimation au moment de la donation que le rapport est dû.

Tous les autres meubles corporels sont soumis à la même règle : tels sont, par exemple, les offices de notaire, d'avoué, les charges de greffier, d'huissier de commissaire-priseur ou d'agent de change. Autrefois, lorsque, par une exception spéciale, ces offices étaient regardés comme immeubles, le rapport s'en faisait déjà en moins prenant sur le pied de leur valeur au moment de la donation ; à plus forte raison doit-il en être de même aujourd'hui que la loi les a déclarés meubles (Zachariæ, Massé et Vergé, t. II, p. 311 ; Demolombe, IV, § 551).

Il faut cependant faire remarquer ici que l'art. 868 est basé sur l'intention présumée du disposant : d'où il faut conclure que si le donateur avait manifesté une intention contraire à cet effet d'une manière certaine et sans qu'il pût y avoir de doute à cet égard, il faudrait s'en rapporter à sa volonté (Demante, t. III, n° 201 *bis*, VII ; Demolombe, IV, § 552).

L'art. 869 qui règle le rapport de l'argent comptant, s'exprime ainsi : « Le rapport de l'argent comptant se fait « en moins prenant dans le numéraire de la succession. En « cas d'insuffisance, le donataire peut se dispenser de rap- « porter du numéraire, en abandonnant, jusqu'à due con- « currence du mobilier, et, à défaut de mobilier, des « immeubles de la succession. »

Cet article n'est pas une dérogation apportée au principe posé par l'art. 868, puisqu'il proclame que le rapport de l'argent se fait en moins prenant. Ce rapport est dû de la valeur numérique de l'argent au moment de la donation, quelle que soit l'augmentation ou la diminution qu'il a reçue dans l'intervalle de la libéralité à l'ouverture de la succession.

Mais ce que l'art. 879 a d'exceptionnel, c'est que l'héritier qui doit le rapport d'une somme d'argent, n'est pas tenu de rapporter de l'argent, c'est-à-dire l'objet qu'il doit, contrairement à la règle générale posée par l'article 1243.

Il peut, avons-nous vu, en cas d'insuffisance, se dispenser de rapporter du numéraire, et abandonner, jusqu'à due concurrence, du mobilier, ou, à défaut de mobilier, des immeubles de la succession. La loi est donc extrêmement favorable pour l'héritier soumis au rapport, en lui offrant de se libérer de deux façons ; mais, une fois son choix fait pour le second moyen, il ne peut pas abandonner des immeubles en réclamant sa part des meubles ; il est tenu de laisser ses meubles d'abord et après ses immeubles ainsi que la loi l'a déterminé (Aubry et Rau, V, § 634 ; Demolombe, IV, § 557 ; Delvincourt, t. II, p. 43 ; Demante, t. IV, n° 203 *bis*, II).

Quelques auteurs pensent que l'art. 869 ne s'applique pas seulement au successible qui a reçu de l'argent, mais aussi à tous ceux qui doivent en rapporter, tels que les donataires d'objets mobiliers, ou les donataires d'immeubles aliénés avant l'ouverture de la succession. Nous ne pensons pas que telle ait été l'intention du législateur ; l'art. 869 est formel ; il ne parle que de l'argent donné ; or, cet article étant exceptionnel, il est impossible d'en étendre l'application à d'autres cas que ceux qu'il a prévus (Demolombe, t. IV, § 558 ; — *Contra*, Marcadé sur l'article 869 ; Ducaurroy, Bonnier et Roustaing, t. II, n° 737 ; Demante, t. III, n° 203 *bis*, III et IV ; Toulier, t. IV, p. 372).

Dans tous les cas, la somme qui représente la valeur des objets mobiliers à rapporter en moins prenant, porte de plein droit intérêt à partir du jour de l'ouverture de la succession (art. 856).

POSITIONS

DROIT ROMAIN

I. — Les mots *pro quadrante* de la loi 1 § 3 (*de Coll.*) signifient que la *collatio* est du tiers des biens de l'émancipé et non du quart.

II. — Il y a deux actions Paulienne, l'une réelle, l'autre personnelle.

III. — L'action Paulienne ne peut jamais être intentée contre celui qui a reçu le paiement d'une dette échue.

IV. — De même encore, si la dette n'est pas échue.

DROIT FRANÇAIS

I. — Les successeurs irréguliers sont tenus de l'obligation de rapport.

II. — Le rapport des meubles incorporels se fait en moins prenant conformément à l'art. 868.

III. — Lorsque l'immeuble rapporté en nature tombe dans le lot du donataire, les charges, qui le grevaient de son chef, continuent à le frapper.

IV. — En cas de remise, par suite de concordat, le rapport se fera de la totalité de la somme, si la cause en était gratuite, et il ne sera dû que déduction faite du montant de la remise, si la cause était intéressée.

DROIT CRIMINEL

I. — Le décès de la femme pendant la poursuite dirigée contre elle pour cause d'adultère, a-t-il pour effet d'éteindre la poursuite à l'égard du complice? — Oui.

II. — Lorsque le mari a dénoncé sa femme sans désigner le complice, le ministère public est-il recevable à rechercher celui-ci et à le poursuivre? — Oui.

DROIT DES GENS

Dans le cas de guerre, il n'est pas nécessaire de dénoncer formellement à l'ennemi les traités conclus avec lui.

DROIT ADMINISTRATIF

A qui appartient la propriété des cours d'eau qui ne sont ni navigables, ni flottables ? — A personne.

Vu par le Président de l'acte public,
L. LEDERLIN.

Nancy, le 24 juillet 1871.

Vu par le Doyen de la Faculté,
Ph. JALABERT.

Nancy, le 27 juillet 1871.

Vu et permis d'imprimer.
Le Recteur de l'Académie de Nancy,
L. MAGGIOLO.

Nancy, le 27 juillet 1871.

TABLE DES MATIÈRES

DROIT ROMAIN

De l'action Paulienne.

DROIT FRANÇAIS

Des rapports

FIN.

www.ingramcontent.com/pod-product-compliance
Ingram Content Group UK Ltd.
Pitfield, Milton Keynes, MK11 3LW, UK
UKHW022348090726
13658UKWH00002B/527